Das Ludwigsburger Schloßtheater

Das Ludwigsburger Schloßtheater

Kultur und Geschichte eines Hoftheaters

Herausgegeben von den Ludwigsburger Schloßfestspielen

Mit Beiträgen von
Ingeborg Deborre, Susanne Dieterich, Saskia Esser, Wolfgang Gönnenwein,
Horst Koegler, Frank Thomas Lang und Ursula Quecke

DRW-Verlag

Inhalt

Grußwort
von Carl Herzog von Württemberg
Seite 6

Vorwort
von Susanne Dieterich
Seite 7

Chercher la femme –
trouver le théâtre
Hoftheater und ihre Musen im
Europa des 18. und 19. Jahrhunderts
von Susanne Dieterich
Seite 8

Ein Hof und seine Bühnen
Das Schloßtheater und seine Rolle
in der Geschichte der württembergischen Theaterbauten
von Ingeborg Deborre
Seite 19

Maschinenzauber im Schloßtheater
Die einzigartige historische
Bühnenmaschinerie in Ludwigsburg
von Ursula Quecke
Seite 35

Bühnenschätze vom Dachboden
Die historischen Theaterdekorationen
von Saskia Esser
Seite 43

Antike Götter und Kanonenkonzerte
Theaterleben am Hof von Ludwigsburg
von Frank Thomas Lang
Seite 59

Von Mozart wachgeküßt
Das Schloßtheater seit seiner
Wiederbespielung durch die
Ludwigsburger Schloßfestspiele
von Horst Koegler
Seite 69

Für ein lebendiges Schloßtheater
Perspektiven in Ludwigsburg
von Wolfgang Gönnenwein
Seite 79

Erbe und Aufgabe
Das Schloßtheater als Bauaufgabe
des Landes
von Thomas Knödler
Seite 81

Die Autoren
Seite 84

Literatur in Auswahl
Quellen und historische
Beschreibungen
Abbildungsnachweis
Seite 86

Impressum
Seite 88

Grußwort

Jahr für Jahr kommen unzählige Besucher nach Ludwigsburg, um das prächtige Barockschloß und das Schlößchen Favorite zu besichtigen und sich in eine glanzvolle Epoche zurückzuversetzen. Wie man schon auf den ersten Blick an den im klassizistischen Stil umgestalteten Räumen sehen kann, sind am Schloß die Zeiten nicht spurlos vorbeigegangen. Nicht nur die Zimmer wurden dem jeweiligen Geschmack angepaßt, sondern auch die Einrichtung ist kaum mehr im Original des 18. Jahrhunderts erhalten. Da muß man es als besonderen Glücksfall betrachten, daß wichtige Teile der Ausstattung des barocken Schloßtheaters in ihrem ursprünglichen Zustand die Jahrhunderte überstanden haben. In einer beispielhaften Weise unternahm das Land Baden-Württemberg Anstrengungen, um dieses Theater wieder bespielbar zu machen. Den Erfolg dieser Bemühungen wird man nach der Eröffnung im Sommer 1998 sehen können. Nun muß man sich nicht mehr ausschließlich anhand der Überlieferung ein Bild davon machen, wie das Theater ausgesehen haben könnte und wie es funktioniert hat. In Zukunft werden wir die Chance haben, Theateraufführungen unter den technischen Bedingungen des 18. Jahrhunderts zu erleben und uns in eine Zeit zurückzuversetzen, als Opern, Schauspiele und Komödien zu den beliebten Zerstreuungen der Hofgesellschaft gehörten. Ebenso aber ist die notwendige moderne Theatertechnik, jetzt in denkmalverträglicher neuer Form, in das ehrwürdige Haus eingezogen, so daß auch heutige Aufführungen möglich werden. Beides – der Rückgriff auf die Vergangenheit und die Auseinandersetzung mit der Gegenwart – ist nun im Ludwigsburger Schloßtheater möglich.

Für dieses kulturhistorische Ereignis habe ich gerne die Schirmherrschaft übernommen. Geschichte wird hier lebendig, aber mehr noch: Aus den Bedingungen vergangener Zeiten entstehen neue kulturelle Ereignisse. Uns allen wünsche ich viele eindrucksvolle Aufführungen im neu entstandenen barocken Schloßtheater Ludwigsburg.

Carl Herzog von Württemberg

Vorwort

Nach Jahren der Restaurierung ist es endlich wieder der Bevölkerung zugänglich und steht auf dem Spielplan der Festspiele: das einzigartige Ludwigsburger Schloßtheater. 1992 fiel der historische Bühnenvorhang endgültig, die Festspiele und mit ihnen viele Freunde dieses ganz besonderen Spielortes warten seither darauf, daß endlich wieder die Scheinwerfer auf der Bühne leuchten. In großzügiger Weise hat das Land Baden-Württemberg die Restaurierung finanziert. Die Ludwigsburger Schloßfestspiele, kulturelle Hausherren des Sommers, danken dafür: Sei es für die Restaurierung, die das Finanzministerium und die zuständige Hochbauverwaltung Realität werden ließ; sei es für die technische Ausstattung, die erst die Bespielung ermöglicht und aus einem musealen Kleinod ein lebendiges Theater erstehen läßt.

Als sich abzeichnete, daß das Schloßtheater, für die Festspiele ein Herzstück ihrer Arbeit, tatsächlich zur Saison 1998 wieder bespielbar werden wird, war es ein Bedürfnis, dieses besondere Ereignis mit einer kleinen Publikation zu feiern. Für die Festspiele liegt der Schwerpunkt des Interesses natürlich eher im Bereich der Theatergeschichte – aber auch der Theatergeschichten, Kulturhistorisches mag sich mit Histörchen mischen. Oft erzählen aber gerade die kleinen Geschichten am Rande mehr als große Theorien... Die Festspiele als Herausgeber haben daher Autorinnen und Autoren aus verschiedenen Bereichen eingeladen, Aspekte des Theaters zu beleuchten: aus historischer und aus kunsthistorischer Sicht, aus der Sicht eines Kulturjournalisten und aus der eines künstlerischen Leiters.

Vorhang auf – wir laden Sie ein zu einem Spaziergang in die Geschichte, auf, hinter und unter die Bühne eines Kleinodes von einzigartigem Wert.

Dr. Susanne Dieterich
Geschäftsführende Direktorin
der Ludwigsburger Schloßfestspiele

Das Theater in Český Krumlov.

Chercher la femme – trouver le théâtre

Hoftheater und ihre Musen im Europa des 18. und 19. Jahrhunderts

von Susanne Dieterich

»Ich lebte für die Kunst, ich lebte für die Liebe« – was Puccinis Floria Tosca als Resümee ihres Lebens sieht, sollte sich für die Entstehungsgeschichte vieler Theater in Europa als folgenreich, ja symptomatisch erweisen. Wie oft steht im Hintergrund eines glänzenden Theaterlebens die Gestalt einer Frau oder aber die Leidenschaft eines Mannes für eine theaterbegeisterte Frau, für eine Schauspielerin oder eine Sängerin! Wieviele Theater sind nicht etwa aus kulturpolitischem Kalkül, sondern vielmehr aus Liebe entstanden! Selten zum Theater, eher schon zu einer Frau aus Fleisch und Blut, deren Herz für die Kunst schlug.

Zugegeben, das weit über Europa hinaus bekannte Schloßtheater im schwedischen Drottningholm hat zweifellos einen theater- und technikbesessenen Fürsten zum Gründer und Motor eines eindrucksvollen barocken Theaterlebens, auch Gripsholm verdankt seine Existenz dem Interesse König Gustavs III. für Theater und Theaterarchitektur. Und sicherlich auch seinem Bedürfnis nach außergewöhnlichen Repräsentationsmöglichkeiten seiner Macht und seines Hofstaates. Die Schönheit jener patinareichen Theaterbauten aus dem Barock und Rokoko, die Raffinessen der damaligen Bühnentechnik faszinieren heute mehr denn je, sei es in Ludwigsburg, Versailles, Potsdam, Gotha, Böhmisch Krummau (Český Krumlov), im russischen Ostankino oder aber in Drottningholm nahe der schwedischen Hauptstadt, das neben dem allseits bekannten Schloßtheater noch das Kleinod eines Barocktheaters birgt, dessen Rettung vor dem Verfall wiederum einer Frau zu verdanken ist: das barocke Confidencen-Theater im Park von Schloß Ulriksdal bei Stockholm. Es erfuhr große Aufmerksamkeit unter Königin Luise Ulrike, einer Schwester Friedrichs des Großen, die mit König Adolf Friedrich verheiratet war und in ihrer Schwester Wilhelmine von Bayreuth ein leuchtendes Vorbild für ihre Theaterliebe fand. Seine Blütezeit erlebte das Confidencen-Theater in der zweiten Hälfte des 18. Jahrhunderts unter König Gustav III. Danach fiel es in einen tiefen Dornröschenschlaf und wurde bis vor wenigen Jahren als Schuppen, Scheune, Lager mißbraucht. Wachgeküßt hat es eine leibhaftige Prinzessin: Die theaterbegeisterte Schwester des schwedischen Königs, Christina, machte all ihren Einfluß geltend, um das »Confidencen« wieder als Theater herrichten zu lassen. Und dies nicht nur liebevoll restauriert zu musealen Zwecken, sondern als ein heute lebendiges, klug bespieltes Theater. Initiatorin dieser Wiederbelebung eines der ältesten noch erhaltenen Theater in Europa ist – wie könnte es auch anders sein – eine Künstlerin. Die Opernsängerin Kjerstin Dellert hauchte dem Theater als künstlerische Leiterin nicht nur neues Leben ein, sondern sorgt bis heute mit all ihrem Können und einem Charme, dem sich keiner entziehen kann, für einen großen Freundeskreis und somit die nötigen finanziellen Mittel, ohne die kein Theater existieren kann.

Ostankino

Mit dem Ludwigsburger Schloßtheater wird, was die barocke Bühnenmaschinerie und Originalität des Theaters anbelangt, in einem Atemzug neben dem Schloßtheater Drottningholm das kleine Theater Ostankino in Moskau genannt. Und auch hier findet sich, nicht etwa im Hintergrund heimlich die Fäden ziehend, sondern offen vorgezeigt, bewundert und verehrt, eine Frau als Spiritus rector des Theaters, als antreibende Kraft und Inspiration: Praskovja Ivanovna Kovaleva-Žemčugova, kurz »die Perle« genannt. Das Gut Ostankino, heute mitten in Moskau gelegen, umgeben vom Fernsehturm und der Rundfunk- und Fernsehanstalt Ostankino, der (ehemals) sowjetischen Allunionsausstellung und dem großen Hotel Kosmos, gehörte einst einer der reichsten und begütertsten, aber auch gebildetsten russischen Adelsfamilien, den Scheremetevs. Sie galten als große Theater- und Kunstmäzene. Besonders Graf Nikolaj Scheremetev, Freund und Kommilitone Friedrich Schillers aus Zeiten der Hohen Carlsschule, der Militärakademie Carl Eugens, tat sich als Förderer des Theaterwesens in Rußland hervor. 1797 wurde er zum Direktor aller kaiserlichen Theater in Rußland ernannt und sorgte, dies sei nur am Rande vermerkt, für die Verbreitung der Schriften und Dramen seines Freundes Friedrich Schiller in Rußland. Schillers »Räuber« konnten durch seine Protektion zu einer Zeit sogar am Zarenhof aufgeführt werden, als Werk und Autor in Württemberg nicht nur verpönt, sondern noch verfolgt waren. Scheremetev besaß mehrere Leibeigenen-Theater in Rußland, u. a. auch auf seinem Schloß Ostankino. Leibeigene Schauspieler, aber auch Maler und Musiker wurden hier ausgebildet und übten ihre Kunst auf allerhöchstem künstlerischen Niveau aus. Die Aufnahme von Schillers »Kabale und Liebe« in den

Schloß Ostankino, Längsschnitt. Im Mittelbau ist das Theater zu erkennen.

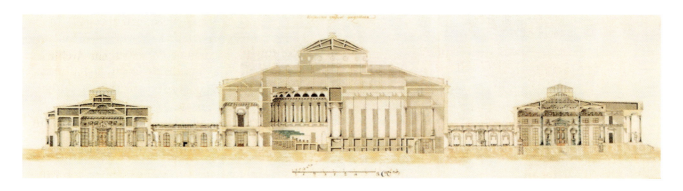

Der Zuschauerraum des Theaters von Ostankino.

Spielplan sollte auch für Scheremetevs persönliches Schicksal von Bedeutung sein. Die Rolle der Luise spielte die leibeigene Schauspielerin Praskovja Kovaleva. Scheremetev verliebte sich in die junge Parascha, schenkte ihr die Freiheit und machte sie zu seiner Ehefrau. Dem kleinen Theater in Ostankino hätte nichts Besseres passieren können. Die »Žemčugova«, die Perle, so ihr Künstlername, war wirklich eine solche – für den Mann Scheremetev und das russische Theater, insbesondere für Ostankino, wo das übliche Repertoire unter ihrem Einfluß durch damals moderne Opern von Gluck, Salieri und anderen reformiert wurde. Ausmaß und Ausstattung, vor allem die Bühnentechnik, wurden bei der Errichtung des Theaters von Ostankino in den neunziger Jahren des 18. Jahrhunderts den Bedürfnissen und Theaterinszenierungen angepaßt. In Tag- und Nachtarbeit errichteten Scheremetevs leibeigene Architekten und Bauleute ein technisches Wunderwerk von Theater, fertigten Kulissen, schufen ein wahres Amphitheater von Zuschauerraum. Im April 1797 konnte im Schloß von Ostankino mit einem rauschenden Fest in Anwesenheit von Zar

Die »Perle«: die Opernsängerin Praskovja Ivanovna Kovaleva-Žemčugova.

Paul I., dem Scheremetev als Oberhofmarschall diente, das Einweihungsfest gefeiert werden. Bei der Premiere des ersten aufgeführten Stückes sang Scheremetevs Ehefrau die Rolle der Selmira. Die begabte, schöne Parascha sollte mit ihren Schauspieler-, Sänger- und Musikerkollegen in Zukunft Stücke auf einem Niveau darbieten, das höchsten Ansprüchen genügte.

Graf Scheremetevs Theaterleidenschaft und seine große Liebe zu dieser Frau bescherten dem ausgehenden 18. Jahrhundert nicht nur ein Kleinod als Schloßtheater, sondern durch das Wirken dieser Künstlerin ein lebendiges, innovatives Theater- und Musikleben.

Theater der Königin – das Trianon in Versailles

Der professionellen Bespielung des Theaters von Ostankino steht die durchaus übliche, dilettierende Aufführungspraxis an einem ganz anderen Hoftheater gegenüber, dem »théâtre de la reine« in Versailles, dem Theater der Königin. Wieder ist es die Theaterliebe einer Frau, welcher die Errichtung des Theaters im kleinen Schloß Trianon zugrunde liegt, und wiederum ein mächtiger und einflußreicher Mann im Hintergrund, der den Bau finanzieren und das Theater finanziell am Leben erhalten kann. In diesem Falle kein geringerer als der französische König selbst. Ludwig XVI. schenkte seiner jungen österreichischen Gemahlin Marie-Antoinette 1774 das »Petit Trianon«, und fünf Jahre später sollte die junge Frau selbst auf der Bühne des dazugebauten Theaters stehen. Sehr wahrscheinlich mußte allerdings die Begeisterung für das Theater das Können auf der Bühne ersetzen, denn Marie-Antoinette war Laienschauspielerin ohne jegliche Ausbildung, und wenn sie voll Eifer ihre Rollen für die abendlichen Vorstellungen probierte, so tat sie das wie viele damals aus dem Adel, für die das Theaterspielen regelrecht zum modischen Gesellschaftsspiel gediehen war. Es spricht für Marie-Antoinette, daß sie bald eine professionelle Theatertruppe engagierte. Aus ihrem kleinen, intimen Theater sollte auch ein Hoftheater werden, das weniger der Kunst, als vielmehr den Repräsentationsverpflichtungen einer mehr und mehr realitätsfernen Adelsgesellschaft diente, der Theater und Musik nicht mehr bedeutete als eine weitere Zerstreuung im Spiel ihres Daseins, die Liebelei anstelle von Liebe setzte, Amüsement anstelle von Leidenschaft, sei es der Geliebten oder dem Theater gegenüber.

Das markgräfliche Opernhaus Bayreuth

Einer außergewöhnlich geistvollen, gebildeten und künstlerisch interessierten Frau verdankt das fränkische Bayreuth nicht nur sein feines markgräfliches Opernhaus und das einzigartige Ruinen- und Felsentheater in der barocken Anlage Sanspareil, sondern auch ein ungewöhnlich reges Theater- und Musikleben. Prinzessin Friederike Wilhelmine, die Schwester des musischen Preußenkönigs Friedrich des Großen, kam im Jahr

1731 als Ehefrau des Markgrafen Friedrich nach Bayreuth und schaffte es innerhalb von wenigen Jahren, aus dem ärmlich-provinziellen Bayreuther Hof eine blühende Residenz voll Geist und Anmut zu machen.

Wilhelmine von Bayreuth überragte ihre Zeitgenossinnen nicht nur durch ihre hohe Bildung und Vielfalt an Begabungen, sondern vor allem durch ihre große Theaterleidenschaft. Sie spielte vier Instrumente, komponierte Opern und Konzerte, wirkte als Porträtmalerin, schrieb und dichtete selbst und verfaßte zahlreiche Opernlibretti im Geiste Voltaires, die von ihren Hof-

Die Bühne des Markgräflichen Opernhauses von Bayreuth.

komponisten vertont und unter Wilhelmines Regie aufgeführt wurden. Auch die vielen Bauwerke, Garten- und Parkanlagen, die heute noch die einstige Residenz schmücken, gehen auf ihre Pläne und sogar eigenen Entwürfe zurück. Es ging ihr um weit mehr als um dilettantisch-höfischen Zeitvertreib. Wilhelmine versuchte zielstrebig, ihre Residenz zu einem Zentrum europäischer Kultur auszubauen. Während für die Aufführungen der von ihr bevorzugten barocken Schäfer- und Singspiele die als Ruine gestaltete Bühne im Garten ihrer Eremitage außerhalb des Stadtschlosses diente, entstand für die damals beliebten italienischen Opern und französischen Schauspiele unter ihrer aktiven Mitwirkung in Bayreuth eines der prächtigsten Opernhäuser Europas.

Zur Hochzeit der Tochter des Markgrafenpaares Elisabeth Friederike mit dem württembergischen Herzog Carl Eugen im Jahr 1748 wurde das von den Baumeistern Giuseppe und Carlo Galli di Bibiena erbaute Opernhaus eingeweiht. Man gab zwei Opern, mehrere französische Komödien und eine Galatafel. Das neue Opernhaus war für die unterschiedlichsten Feste und Theaterveranstaltungen geplant: »Abends war im neuen Opern-Hauß Französische Comö-

Wilhelmine, Markgräfin von Bayreuth, in einem Porträt von Antoine Pesne, um 1732 (Replik).

die, les Jeux de l'amour & du hazard genannt. Nach derselben wurde das ganze opern-Hauß mit viel tausend Lichtern illuminiert, und auf dem Theatro eine figurierte Tafel in Form eines F. von 80 Couverts zugerüstet, welche mit 56 Speisen, und unter proprem Confect serviert worden. In dem par Terre war noch eine Tafel von 30. Couverts vor die übrige Cavaliers und Officiers, die an jener nicht Platz fanden. Während der Tafel geschahe auf dem Theatro ein trefflicher Aufzug. Es traten einige Personen auf, welche die vier Theile der Welt vorstelleten: Diese überreichten hiebey die kostbarste Geschencke, vor die fremde Hochfürstliche Herrschaften.«

Wilhelmine holte die besten Sänger, Musiker und Schauspieler an ihren Hof, ganze Scharen italienischer Bühnenkünstler zogen auf. Zeitweise lebte Wilhelmine ganz im Kreise dieser Künstler, kümmerte sich um Spielpläne, Bühnenbilder, Kostüme, Besetzungen, sie malte sogar Porträts ihrer Künstler. Was hätte diesen, ja, der Kunst besseres passieren können als eine solche Begeisterung, aber auch ein solch fundiertes Wissen und Können ihrer Herrin! Die Liebe, ja Leidenschaft Wilhelmines, aber auch ihr großer Sachverstand bedeuteten für die Kunst und die Künstler, vor allem für das Theater und Musikleben eine wunderbare Förderung, die sich nicht nur an der Blüte des Bayreuther Hofes bemerkbar machte, sondern weit darüber hinaus strahlte und deren Samen auch am Württemberger Hof aufgehen sollte.

Württemberg –
Carl Eugen und die Theater

1748 hatte der 20jährige württembergische Herzog Carl Eugen die 16jährige Tochter Wilhelmines von Bayreuth, Elisabeth Friederike, geheiratet. Die Hochzeitsfeierlichkeiten am prächtigen Bayreuther Hof dauerten wochenlang. Der Glanz dieses Festes, die Opern- und Theateraufführungen, ja der ganze Rahmen erlesener barocker Hofkultur mit der gebildeten Markgräfin Wilhelmine im Mittelpunkt hinterließen bleibenden Eindruck bei dem jungen Herzog und sollten nicht ohne Folgen bleiben. Die heitere, kultivierte Atmosphäre der repräsentativen Bayreuther Hofhaltung stand Pate beim schnellen Ausbau des Stuttgarter Hofes durch Carl Eugen, als der frischgebackene, ideenreiche Ehemann seiner jungen Frau bei ihrer Übersiedlung nach Württemberg versuchte, ein adäquates Hofleben zu bieten. Zur Grundsteinlegung des neuen Schlosses in Stuttgart kamen Pläne für eine stehende Opernbühne nach Bayreuther Vorbild, die bald darauf am 18. Geburtstag von Elisabeth Friederike im Jahr 1750 eröffnet wurde. Elisabeth Friederike wirkte auf stetige Erweiterung des Künstlerbetriebes hin, und ihre Freundschaft zu der Sängerin Marianne Pirker, der Primadonna der Oper in Stuttgart und später in Ludwigsburg, mag diese Förderung des Theater- und vor allem Musiklebens noch verstärkt haben. Damit bahnte sich eine Entwicklung im kulturellen Leben der Residenzen Stuttgart und Ludwigsburg an, die in dem Urteil Casanovas vom württembergischen Hof als dem glänzendsten Europas gipfelte. Bald besaß der württembergische Hof eine Oper, ein Ballett und ein Theater von Weltruf. Jeden Dienstag und Freitag fanden italienische Opernaufführungen statt. Mittwochs und samstags gab es französische Komödien, der Montag und der Donnerstag waren für Redouten im großen Saal des Schlosses reserviert. Für das materiell arme Land ein ruinös aufwendiges Angebot! Zu Konzerten, Opern- und Theatervorstellungen gesellten sich prunkvolle Feste wie etwa Carl Eugens Geburtstagsfest: »Gegen sechs Uhr des Abends fuhr der ganze Hof in mehr als sechzig Wagen nach Ludwigsburg. Die Karossen hielten vor der mittleren Pforte der Orangerie. Etwa eine Million Lampen beleuchteten das fast tausend Fuß lange, mit blauem Tuch überspannte, wohl geheizte, mit Seen und Springbrunnen versehene Treibhaus, das vor dem Südbau des Schlosses errichtet worden war. Die Orangen- und Zitronenbäume machten hohe, gewölbte Gänge, unter welchen Seine Herzogliche Durchlaucht mit Ihrem Hofstaat in ordentlicher Weise spazierengingen.

Dann setzte sich der Herzog mit seinen Gästen zur Tafel. Da erhob sich mitten auf der Tafel, durch einen Mechanismus emporgetragen, Venus mit sechzehn Liebesgöttern, welche den sechzehn Damen an der Tafel des Herzogs Blumensträuße überreichten, wahre Kunstwerke aus der Ludwigsburger Porzellanfabrik. Jetzt teilte sich das Mauerwerk, und ein Schauspiel wurde sichtbar. Auf der Bühne fing das Schäferspiel ›Der Sieg des Liebesgottes‹ an. Die Szene eröffnete sich mit einem galanten Ballett, in welchem der Hofballettmeister Noverre alles vereinigt hatte, was die Einbildungskraft durch Tänzer vorstellen kann.

Darauf begab sich die erlesene Gesellschaft auf den nördlichen Balkon des Schlosses, um das Feuerwerk abbrennen zu sehen, das der Generalmajor und Kommandant des Artilleriebataillons Freiherr von Leger hatte verfertigen lassen. Über die ganze Dauer der Belustigung ließ sich eine Batterie von dreißig Kanonen hören, und dreißig Mörser warfen Lustkugeln. Das Feuerwerk zeigte Feuerspringbrunnen, Pfauenschwänze, Windmühlen, vierundzwanzig Sonnen, dreizehn Arkaden, einundzwanzig Pyramiden, zwanzig Taxusbäume, einhundertzwanzig Bienenschwärme u. a. Im ganzen wurden 14 000 Raketen verwendet. Das Auffliegen eines Kastens mit 6 000 Raketen machte den Schluß. Morgens um drei Uhr rollten die Karossen wieder ab, und es herrschte nur eine Stimme darüber, daß keines der berühmten Festins unter der Regierung Ludwigs XIV. dieses gegenwärtige Fest übertroffen habe.« – so Joseph Uriot, zeitgenössischer Chronist im Dienst des Herzogs.

Im Grunde tat Herzog Carl Eugen wie auch andere europäische Fürsten im 18. Jahrhundert damit etwas, was später die öffentliche Kunstpflege als wichtige Aufgabe des Staates zu leisten hatte. Und was zunächst wie chronische Verschwendung und übermäßige Vorliebe eines jungen Herzogs für schöne Tänzerinnen, Schauspielerinnen und Sängerinnen daherkam, sollte sich – allerdings erst in späteren Jahren – zu einer systematischen Kunstförderung im Land entwickeln, zu der neben Theater-, Musik- und Kunsteinrichtungen eine große öffentliche Bibliothek mit der heute größten Bibelsammlung Europas und eine exquisite Porzellanmanufaktur in Ludwigsburg hinzukamen.

Der jugendliche Herzog Carl Eugen von Württemberg im bekannten Porträt von Antoine Pesne und seine Braut Herzogin Elisabeth Friederike.

Das große Fest, das heute bei den »Venezianischen Messen« von den Ludwigsburgern mit neuen künstlerischen Inhalten gefüllt wird, hat seinen Ursprung in Carl Eugens Besuch des Karnevals von Venedig. Ebenso wie die in Ludwigsburg bald gefeierten Maskenfeste, »wo die Weine herrlich glitschen, die Tänzerinnen à merveille springen«, wo Carl Eugen wohl selbst ähnlich dem »Fiesco« Schillers zu hören war: »Diese Nacht sei eine Festnacht der Götter... Tausend brennende Lampen spotten die Morgensonne hinweg! Hurtig Lakaien! Man soll den Ball erneuern und die großen Pokale füllen. Ich wollte nicht, daß hier jemand Langweile hätte. Darf ich Ihre Augen mit Feuerwerk ergötzen? Wollen Sie die Künste eines Harlekins hören? Vielleicht finden Sie bei meinen Frauenzimmern Zerstreuung!«

Die Frauenzimmer: Nicht alleine für das Theater und den Tanz zeigte Herzog Carl Eugen reges Interesse. Mehr noch kümmerte er sich um die Schauspielerinnen, Tänzerinnen und Sängerinnen. Und dies ganz ungeniert: »Alle seine Tänzerinnen waren hübsch, und jede rühmte sich, wenigstens einmal seine liebessüchtige Durchlaucht beglückt zu haben«, weiß Casanova zu berichten. Viele Künstlerinnen – nicht wenige erlangten die begehrte Position einer Mätresse und zeitweiligen Favoritin des Herzogs am damaligen Hof – haben sich nicht allein wegen der von ihnen dargebrachten Künste auf der Bühne verdient gemacht, sondern darüber hinaus Kunst und Kultur im Lande schon allein deswegen gefördert, weil sie den Herzog für die Künste, für das Theater gewinnen konnten und so den Humus bereiteten für das Gedeihen eines blühenden Theater- und Musiklebens. Ein solches konnte nur wachsen, wenn es vom jeweiligen Fürsten aktiv gewollt war. Die Fäden des Hoftheaters und seiner Verwaltung liefen bei ihm zusammen, und erlahmte seine Begeisterung, so lahmten bald auch Kunst und Kultur im Lande.

Welch maßgeblichen Einfluß darauf die jeweilige Frau seiner Wahl hatte, zeigt deutlich die Wende im Privatleben Herzog Carl Eugens. Seine Hinwendung zur bescheidenen, frommen Franziska von Hohenheim, zuerst als Mätresse, später auch als Ehefrau, bedeutete nicht nur eine persönliche Abwendung des Herzogs vom Theater und den schönen Künsten. Sein schwindendes Interesse unter dem Einfluß Franziskas bedeutete das Aus für die Theater im Lande und führte, ähnlich wie bei der Akademie der Hohen Carlsschule, letztendlich zu

deren Schließung. Ein in ganz Europa bestauntes Theaterleben konnte in kürzester Zeit zum Erliegen kommen – durch die »Tugend« einer Frau. Franziska war eine Bildung im klassischen Sinne nicht mit auf den Weg gegeben worden, die französische Kultur war ihr wenig vertraut, sie verstand und sprach nicht einmal Französisch. Ihr Verhältnis zur Kunst war bestimmt durch ihre Herkunft aus dem württembergischen Landadel, der abseits der großen Welt von der Geistlichkeit geleitet und dem Pietismus zuneigend, der Kunst, wenn nicht gerade feindlich, so doch gleichgültig gegenüberstand. Sie pflegte ihren Umgang mehr mit den Pfarrersfamilien aus den dem Landgut Hohenheim benachbarten Dörfern denn mit Künstlern, Musikern, Dichtern oder Philosophen. Welch Glück war für die Theaterschaffenden hingegen Jahrzehnte zuvor eine Mätresse ganz anderer Couleur: Wilhelmine von Graevenitz, die langjährige Favoritin des

Gründers von Schloß und Stadt Ludwigsburg, Eberhard Ludwig! Die allem Schönen stets aufgeschlossene, musisch interessierte und begabte Frau, selbst Sängerin mit einer wundervollen Altstimme, verstand es, die neugegründete Ludwigsburger Residenz mit adäquatem barocken Hofleben zu erfüllen, Feste zu feiern, Opern- und Theatervorstellungen zu arrangieren – wenn es auch bis zum Tod des Herzogs kein festes Theater in der lebenslangen Baustelle des Ludwigsburger Schlosses gab. Allein der leidige Geldmangel mag den Herzog und seine kunstsinnige Mätresse von der Verwirklichung einer stehenden Opern- und Theaterbühne abgehalten haben.

Und noch einmal im 19. Jahrhundert sollte das württembergische Hoftheater zu lebendigem Spiel erweckt werden, als eine begeisterte Frau den damaligen Herrscher beeinflußte: Amalie von Stubenrauch hieß die Schauspielerin, welche in den letzten zwei Lebensjahrzehnten die Vertraute König Wilhelms I. war. Der einst nüchterne, was Ausgaben für Kunst und Kultur anbelangt überaus sparsame Monarch lernte unter dem Einfluß der Stubenrauch Theater und Musik in seinem Land nicht nur als »kostspielig« zu betrachten, sondern ließ zur Mitte des 19. Jahrhunderts hin wieder ein lebendiges, blühendes Theater- und Musikwesen gedeihen. Daß diese ehrgeizig-eifersüchtige Frau in blindem Machtrausch auch für die künstlerische Kapitulation eines der damals begabtesten Musiker und Komponisten verantwortlich zeichnete, Peter Joseph von Lindpaintner, der jahrzehntelang als Hofkapellmeister hervorragende Arbeit in Württemberg geleistet hatte, ist wieder eine andere Geschichte...

Ein Hof und seine Bühnen

Das Schloßtheater und seine Rolle in der Geschichte der württembergischen Theaterbauten

von Ingeborg Deborre

Im Pavillon zwischen dem östlichen Kavalierbau und der Ahnengalerie birgt Schloß Ludwigsburg eine heute kostbare Rarität: sein Theater. 1758/59 entstand das Schloßtheater als Einbau in den bestehenden Pavillon, der das Pendant zu dem Festinbau, dem Pavillon auf der gegenüberliegenden Schloßseite, bildet. Integriert in die 1704 bis 1733 von einem Jagdschloß zu einer der größten deutschen Barockresidenzen gewachsenen Anlage, gibt das Theater seine besondere Funktion nach außen nicht zu erkennen. Architektonisch wie funktionell zeigt sich das Privattheater, ursprünglich nur dem Hofe und seinen Gästen vorbehalten, unauffällig eingegliedert als ein Teil der Schloßanlage.

Seit seiner Restaurierung in neuem Glanz wiedererstanden, nimmt das Ludwigsburger Theater unter den historischen Theatern einen besonderen Rang ein. Und das gleich in dreifacher Hinsicht: kulturgeschichtlich, theatergeschichtlich und technikgeschichtlich. Einen lebendigen Eindruck von historischen Theaterräumen zu gewinnen, ist heute an anderen Orten kaum möglich. Während die Zuschauerräume oftmals noch gut erhalten sind, sind die Bühnen der meisten historischen Theater schonungslos zerstört, ganz zu schweigen von den verlorengegangenen Dekorationen und den abgebauten Maschinerien. Das Ludwigsburger Theater bildet eine glückliche Ausnahme. Dort ist nicht nur der Zuschauerraum in seiner klassizistischen Fassung von 1811/12 erhalten, sondern auch die Bühne weitgehend in originaler Substanz. Von unschätzbarem Wert ist die zum Großteil noch aus der Bauzeit in der Mitte des 18. Jahrhunderts stammende, heute wieder funktionstüchtige Bühnenmaschinerie sowie der umfangreiche Fundus an Bühnendekorationen aus dem späten 18. und frühen 19. Jahrhundert. Angesichts der Zerstörung vieler Theatermaschinerien, die nicht selten durch die Anpassung der historischen Bühnen an heutige Inszenierungstechnik verursacht wurde, zeigt sich der Erhalt (wenn auch in letzter Minute) der alten Maschinerie in Ludwigsburg als wirklicher Glücksfall. Es ist die einzige in Deutschland überkommene Anlage, die den Bühnenbildwechsel auf offener Szene – also bei geöffnetem Vorhang – vollziehen läßt. Außerdem ist sie sogar die älteste in Europa. Dies macht das Ludwigsburger Schloßtheater zu einem einzigartigen technischen Kulturdenkmal. Von außergewöhnlichem Wert ist auch der Fundus an Bühnendekorationen, der von seinem Umfang nur mit dem Bestand des Drottningholmer Schloßtheaters bei Stockholm zu vergleichen ist. Der Ludwigsburger Bestand umfaßt insgesamt 139 bis zu 6,50 Meter hohe Kulissen sowie kleinere Versatzstücke zur Dekoration der Bühnenmitte. Ferner gehören 14 Hintergrundprospekte – die Abschlußbilder einer Kulissenbühne – und zwei Theatervorhänge dazu. Einer davon ist der Bühnenvorhang aus der Entstehungszeit des Theaters. Der beachtliche Bestand umfaßt 16 teilweise komplett erhaltene Bühnenbilder. Die genaue Anzahl vollständiger Bühnenbilder ist allerdings schwer feststellbar, da einzelne Dekorationsteile für verschiedene Szenerien eingesetzt wurden. Nur etwa ein Drittel des Bestands wurde ursprünglich für das Ludwigsburger Schloßtheater geschaffen. Die übrigen Dekorationen stammen aus anderen württembergischen Spielstätten, die aufgegeben worden waren. Damit gibt der Ludwigsburger Fundus auch wertvolle Einblicke in die Geschichte der weiteren Theater des württembergischen Hofs. Der Anblick der origi-

Das Ludwigsburger Schloß in der Vogelschau, rechts der Theaterpavillon.

nalen Dekorationen, von der originalen Maschinerie auf offener Szene bewegt, deren authentische Wirkung zusätzlich durch eine Beleuchtung verstärkt werden kann, die nach dem historischen Vorbild rekonstruiert wurde, bietet im Ludwigsburger Theater ein Schauspiel, das einen einzigartigen Blick in die Theatergeschichte Europas eröffnet.

Die Lust des Hofes an Theater und Inszenierung

Der Außenbau des Ludwigsburger Theaters stammt aus der Entste-

Blick von der Bühne in den Zuschauerraum des Schloßtheaters (Zustand vor der Restaurierung).

hungszeit des Schlosses unter Herzog Eberhard Ludwig (reg. 1693–1733). Das Theater im Bauinnern erinnert an die kulturellen Blütezeiten des württembergischen Hofes unter Herzog Carl Eugen (reg. 1744–1793) und Herzog Friedrich II., dem späteren König Friedrich I. (reg. 1797–1816).
Zur Zeit des Ludwigsburger Schloß- und Stadtgründers Eberhard Ludwig fand der württembergische Hof mit dem festen Engagement einer französischen Komödiantengruppe,

Der mächtige Bau des Neuen Lusthauses im Stuttgarter Lustgarten in einer Ansicht des Matthäus Merian von 1616.

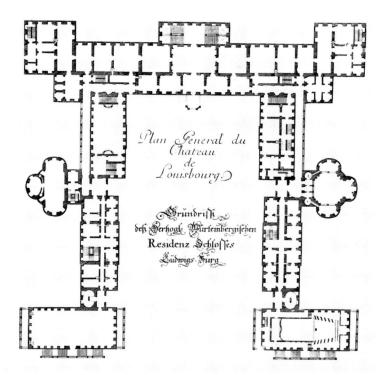

Einer der Erweiterungspläne von D. G. Frisoni für das Schloß aus dem Jahr 1721. Das Theater ist im Kopfbau vorne rechts eingeplant.

Ballettinszenierungen, Konzerten, Bällen und anderen Spektakeln Anschluß an die Spitze der höfischen Fest- und Theaterkultur in Europa. Damals tauchten bereits Pläne für ein ständiges Theater in Schloß Ludwigsburg auf, das der württembergische Regent seit 1718 zu seiner ständigen Residenz gemacht hatte. Die Pläne für die Erweiterung der Schloßanlage des Baumeisters Donato Giuseppe Frisoni von 1715 und 1721 dokumentieren Theaterplanungen für den Zentralbau, der im Westen der Schloßkirche entsprechen sollte, und für den östlichen Pavillon, der als quergestellter, dreigeschossiger Bau im Anschluß an den Kavalierbau den südlichen Abschluß der geplanten Dreiflügelanlage bilden sollte. Realisiert wurden diese Pläne jedoch nicht. Statt dessen entstanden verschiedene provisorische Theaterbauten, die alle nur von kurzer Dauer waren. Um nur einige zu nennen: Im heutigen Ordenssaal wurde 1728 ein Theater eingerichtet; der Festinsaal im westlichen Pavillon wurde auch als Komödiensaal genutzt; dort wird auch ein durch den Maler Giuseppe Baroffio eingerichtetes kleines Theater mit gemaltem Proszenium und mit Architekturmalerei dekoriertem Saal erwähnt.

Nachdem 1725 die Entscheidung für den Bau eines Neuen Corps de logis und damit für die heute sichtbare Vierflügelanlage des Schlosses gefallen war, festigte sich der Plan, den ständigen Inszenierungsort für künstlerische Darbietungen im heutigen Theaterpavillon einzubauen. Zu Eberhard Ludwigs Lebenszeit kam es jedoch nicht mehr zur Fertigstellung dieses Projektes.

Über zwanzig Jahre später befahl Herzog Carl Eugen, der den württembergischen Hof zu einem der glanzvollsten Europas machte, den Einbau des Ludwigsburger Schloßtheaters im östlichen Pavillon. Der Herzog war ein leidenschaftlicher Anhänger der italienischen Oper. Die Vermählung im Jahr 1748 mit Elisabeth Sophie Friederike, Tochter der theaterbegeisterten Wilhelmine von Brandenburg-Bayreuth und Nichte Friedrichs II. von Preußen, stärkte seinen Wunsch, den Hof zu einem der angesehensten Theaterzentren zu machen. Eine ausschweifende Hofhaltung, aufwendige, oft über Wochen ausgedehnte Feste und der dabei entfaltete Glanz demonstrierten in sichtbarer Weise den Reichtum und die Macht des württembergischen Herrschers und verhalfen seinem Hof zu internationalem Ansehen. Zu all diesen Anlässen entstanden neben provisorischen Theaterbauten zahlreiche ständige Theater in den Residenzen Stuttgart und Ludwigsburg sowie in den herzoglichen Sommersitzen, Jagd- und Lustschlössern. Unter Herzog Carl Eugen wie auch unter König Friedrich I. existierten neben den großen Theatern in Stuttgart und Ludwigsburg zahlreiche kleine Theater im Umkreis der Sommer- und Lustschlösser. Schwand das Interesse des Herrschers am jeweiligen Sommersitz, so verfielen die Theater oder wurden abgetragen und zu Teilen zum Aufbau eines neuen Theaters an anderer Stelle wieder verwendet. Kein einziger dieser Spielorte hat sich bis heute erhalten. In Carl Eugens Auftrag entstanden ein kleines Opernhaus bei Schloß Grafeneck (1763), ein Schloß- und ein Gartentheater auf der Solitude (1765/66), ein Theater in der Universitätsstadt Tübingen (1767), in Bad Teinach (1770) und in Kirchheim unter Teck (1771). Zu König Friedrichs Zeit erhielt das nahe bei Ludwigsburg gelegene Lustschloß Monrepos ein eigenes Opernhaus (1809). Ferner entstanden kleinere Theater in Freudental und Schorndorf.

Die Freude an Inszenierung und Spiel war damals grenzenlos und zog sich durch alle Bereiche des Hoflebens. Die in den Schloßgärten von Ludwigsburg, Stuttgart und auf der Solitude angelegten Heckentheater – man pflanzte Büsche in der Form von hintereinandergestaffelten Kulissen – sind Beispiele dieser grenzenlosen Lust des Hofes, alle Lebensbereiche nach dem Vorbild des Theaters zu gestalten. Das Ludwigsburger Gartentheater befand sich in dem von Herzog Eberhard Ludwig angelegten parkähnlichen Salonwald südlich des Ludwigsburger Schlosses. Carl Eugen vergrößerte das Lustwäldchen und stattete es mit Alleen, Irrgärten, Rondellen, Terrassen und jenem aus Büschen zurechtgeschnittenen »lebendigen Theater« aus. Der Lustwald diente in jener

Zeit häufiger als Schauplatz rauschender Hoffeste.

Die Theaterbauten
des württembergischen Hofes

Das erste nicht ephemere, ständige Theater des württembergischen Hofs entstand Mitte des 18. Jahrhunderts in Stuttgart im Neuen Lusthaus. Den 1583 bis 1593 von Georg Beer errichteten Festbau inmitten eines mit Obelisken, Brunnen, Grotten und Bildsäulen geschmückten herzoglichen Lustgartens ließ Herzog Carl Eugen 1749/50 von seinem Architekten Leopoldo Retti (1704–1751) zum Opernhaus umbauen. Dieses Neue Lusthaus befand sich am Platz des heutigen Kunstgebäudes am Schloßplatz. Heute sind nur noch wenige Reste der zweistöckigen, umlaufenden Außenarkaden des Baus im Mittleren Schloßgarten erhalten. Bereits seit Ende des 17. Jahrhunderts wurden in dem zu vielseitigen Festangelegenheiten genutzten Lusthaus gelegentlich Theaterstücke inszeniert. Feste Bühnen und nach außen eindeutig als Theater erkennbare Häuser gab es

Plan des »Salonwalds« südlich des Schlosses mit seinem Heckentheater.

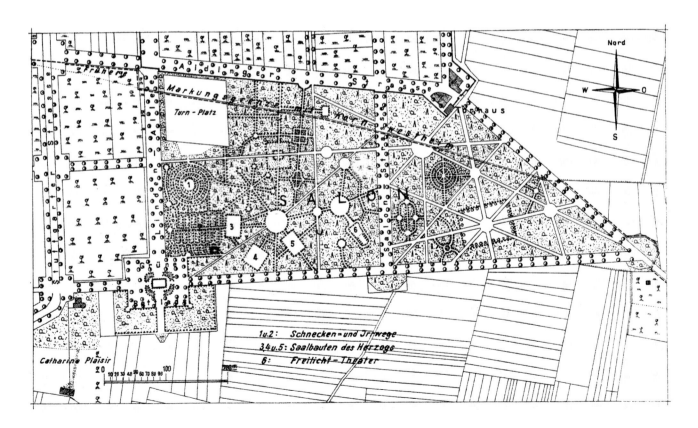

damals noch nicht. Üblich waren provisorische Holzeinbauten in Sälen oder Vergnügungsräumen wie Lusthäusern, Reithäusern, Ball-(spiel)häusern, in Orangerien oder Gärten.

Rettis Theatereinbau im Lusthaus mit einer langen Kulissenbühne und einem dreirangigen Logenhaus mit zentraler, über zwei Geschosse geöffneter, von einer mächtigen Krone überfangener Herzogsloge fügte sich in den weiten, stützenlosen Festsaal des Lusthauses ein, ohne dessen Bausubstanz zu zerstören. Ein Dekorationsentwurf, den

Dekorationsentwurf von Philippe de la Guêpière für das musikalische Gelegenheitsstück »Il Giardino incantato«, das 1755 im Stuttgarter Lusthaustheater aufgeführt wurde.

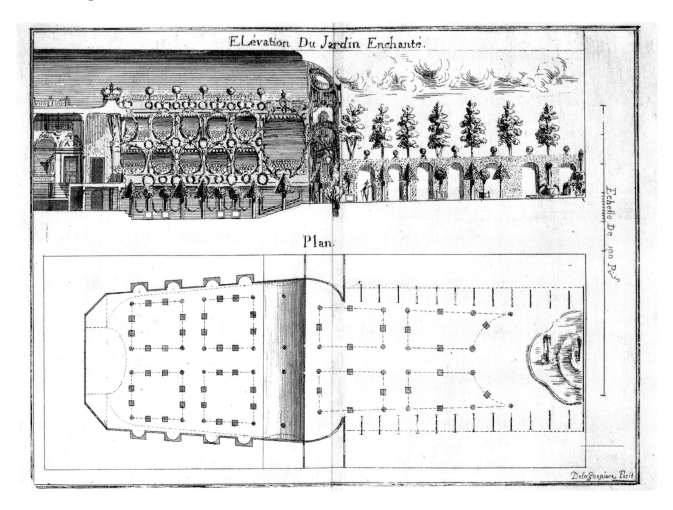

Rettis Nachfolger als Hofbaumeister, Philippe de la Guêpière, zur Aufführung des »musikalischen Gelegenheitsstücks« »Il Giardino incantato« zu Ehren der Herzogin im Jahr 1755 zeichnete, vermittelt einen Eindruck von diesem Lusthaustheater. Es bleibt allerdings unklar, welche Teile zur ständigen Ausstattung von Rettis Theatereinbau gehörten und welche als Dekoration im Festzusammenhang 1755 hinzukamen. An der Inszenierung zu Ehren der Herzogin wirkte der gesamte Hof aktiv mit. Die Logen waren mit Festons und Kränzen, das Parterre mit Bäumchen und Blumenbeeten dekoriert. Die Bühne war in einen begehbaren Garten verwandelt.

1758 verlangte der Herzog auch in seinem Sommersitz Ludwigsburg nach einem ständigen Spielort und beauftragte seinen Architekten Philippe de la Guêpière und den Theatermaschinisten Johann Christian Keim mit dem Einbau des Schloßtheaters. Für die Malerei und Dekorationen war der Dekorationsspezialist Innocente Colomba verantwortlich.

Die Arbeiten waren noch nicht beendet, da ließ Carl Eugen bereits de la Guêpière und Keim das seinen Ansprüchen nicht mehr genügende Stuttgarter Lusthaustheater zu einem größeren Opernhaus ausbauen. Der Umbau des Theaters (1758/59) zerstörte das von Retti eingebaute Logenhaus vollständig. Statt dessen entstand ein vierrangiges Logenhaus mit Parterre und einer zentralen, über den ersten und zweiten Rang geöffneten Herzogsloge. Eine hydraulische Hebevorrichtung unterhalb des Zuschauerraums, in den Plänen de la Guêpières deutlich sichtbar, ermöglichte die Anhebung des Parterres auf Bühnenniveau. Dadurch ließ sich das Lusthaus ebenso als Theater- wie als Redoutensaal nutzen. Zum Schloßplatz hin erhielt die neue Lusthausoper einen vierstöckigen Anbau mit neuen Zu-

Philippe de la Guêpière (um 1715–1773), Porträtstich von Aegid Verhelst.

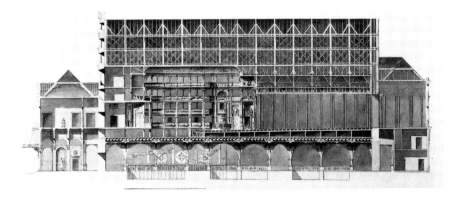

Die Oper im Stuttgarter Lusthaus; Entwurf de la Guêpières aus dem Jahr 1758 (Längsschnitt).

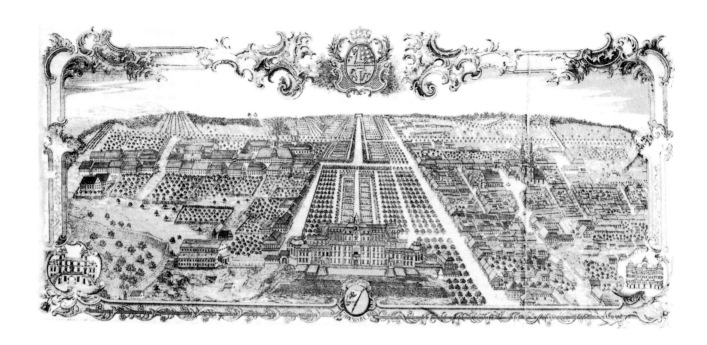

Das große Opernhaus im östlichen Ludwigsburger Schloßgarten in einer Ansicht von Johann Heinrich Kretschmer.

gangs- und Foyerräumen. De la Guêpières Pläne sahen viele neue Erweiterungsbauten mit großzügigen Treppenanlagen und zahlreichen Nebenräumen vor, die, gleich einem Mantel um das Lusthaus herum, dessen Äußeres stark verändert hätten. Realisiert wurde jedoch nur der Anbau der Fassade zum Schloßplatz.

Der Ruhm der neuen Stuttgarter Oper, die zu den größten europäischen Hoftheatern zählte, währte jedoch nur kurz. Bereits 1764 kehrte der Herzog Stuttgart den Rücken und verlegte für elf Jahre die Residenz und damit auch die Oper nach Ludwigsburg. In wenigen Monaten und unter ungeheurem finanziellem und organisatorischem Aufwand und durch die Mobilisierung aller verfügbaren Arbeitskräfte im Land errichteten de la Guêpière und die Maschinisten Keim und Spindler östlich des Schlosses ein hölzernes Opernhaus von erstaunlichen Dimensionen. Das außen schlichte, innen mit höchster Pracht ausgestattete Theater wurde am Geburtstag des Herzogs am 11. Februar 1765 mit der Inszenierung der Jommelli-Oper »Demofoonte« eingeweiht. Das immense Fassungsvermögen – es bot Platz für 3000 Zuschauer –, die prachtvolle Innengestaltung mit effektvollen Spiegelverkleidungen und aufwendiger Illumination sowie die mit allen Raffinessen ausgestattete Bühne verblüfften die Besucher. Die tiefe Bühne konnte nach hinten ins Freie geöffnet werden, so daß selbst berittene Regimenter wie zur Aufführung von Jommellis Oper »Fetonte« teilnehmen konnten.

Nach der Rückkehr des Hofes nach Stuttgart 1775 wurde es still um das Ludwigsburger Schloßtheater und das Opernhaus. Auch hatte die prunkvolle Hofhaltung Herzog Carl Eugens ein vorläufiges Ende, da sie die finanziellen Möglichkeiten des Landes weit überstieg. Die Folge war die Entlassung der teuren ausländischen Theaterkünstler. Der Theaterbetrieb wurde mit einheimischem Nachwuchs aufrechterhalten, der an der Hohen Carlsschule auf der Solitude und an der École des Demoiselles im Alten Schloß in Stuttgart ausgebildet wurde. Auch der Betrieb der Lusthausoper wurde in jener Zeit zunehmend problematisch, da sie sich für den Alltagsbetrieb als zu groß und zu teuer erwies. Insbesondere bei Aufführungen von deutschen Sing- und Schauspielen, die sich im Repertoire gegenüber der italienischen Oper durchsetzten, füllte sich die seit 1779 auch über Eintrittsgelder finanzierte Hofoper nicht mehr, so daß der Herzog zusätzlich ein kleineres Schauspielhaus in Stuttgart bauen ließ. Der Guêpière-Schüler Reinhard Ferdinand Heinrich Fischer (1746–1813) und der Theatermaschinist Johann Christian Keim erstellten 1779/80 das Kleine Theater an der Planie zwischen Akademie und Waisenhaus. Das Baumaterial für das kleine Schauspielhaus stammte aus dem ehemaligen Teinacher Theater Carl Eugens. Die Bühnendekorationen, wahrscheinlich auch die Bühnenmaschinerie, kamen ebenfalls aus Teinach und aus dem abgebauten Tübinger Theater sowie aus dem Ludwigsburger Schloßtheater.

Nur zwanzig Jahre später zerstörte ein Feuer das Gebäude. Nachdem sich auch das Schauspielhaus, das im Auftrag Herzog Friedrichs II., des späteren Königs Friedrich, von Nikolaus Friedrich von Thouret im ehemaligen Futterhaus des Marstalls

Nikolaus Friedrich von Thouret (1767–1845), Selbstbildnis.

eingerichtet worden war, auf Dauer als unzureichend erwies, erfolgte der Umbau des Lusthauses zum fortan einzigen Spielort in Stuttgart. In jener Zeit rückte auch das Ludwigsburger Schloßtheater wieder ins Rampenlicht. 1802 ließ Friedrich das Schloßtheater von Thouret herrichten und 1811 im klassizistischen Stil umbauen. Das seit Carl Eugens Tod ungenutzte und baufällige Ludwigsburger Opernhaus hingegen mußte 1801/02 den Plänen für eine Neugestaltung des östlichen Schloßgartens weichen und wurde abgetragen. Statt dessen ließ Friedrich das nahe gelegene Lustschloß Monrepos mit einem Festinbau und einem eigenen Opernhaus ausstatten.

Nach König Friedrichs Tod 1816 erlosch der Glanz des Ludwigsburger Schloßtheaters. Es begann sein fast 150 Jahre währender Dornröschenschlaf. Friedrichs Sohn und Nachfolger Wilhelm I. (reg. 1817–1846) ließ nur noch in Stuttgart spielen. Das Ludwigsburger Theater wurde bis 1833 an auswärtige Gesellschaften verpachtet. Danach blieb es ungenutzt, bis es 1954 als Spielort der Ludwigsburger Schloßfestspiele wiederentdeckt wurde. Durch die Nutzung insbesondere in den 70er und 80er Jahren, bei der man sich der Bedeutung des historischen Monuments noch nicht bewußt war, erlitt die Originalsubstanz des Schloßtheaters Schäden, die großenteils durch Restaurierungsmaßnahmen begrenzt werden konnten. Auch wenn bis heute das Schloßtheater regelmäßig in den Sommermonaten bespielt wird: Die aufwendige Restaurierung des Theatersaals, der Maschinerie und der Bühnenbilder macht hohe Auflagen für die Nutzung notwendig, um das Ludwigsburger Kleinod auch für die nächsten Generationen erlebbar zu machen.

Vom barocken Fürstentheater zum klassizistischen Hoftheater

Eine genaue Analyse der Architektur und ursprünglichen Form des Ludwigsburger Schloßtheaters fällt schwer: Allzu lückenhaft ist die Dokumentation seiner ursprünglichen Gestaltung durch den Architekten Philippe de la Guêpière. Möglich ist aber seine Einordnung in die Geschichte des europäischen Theaterbaus. Auf der Basis der von Reinhard Ferdinand Heinrich Fischer 1794 und dann nochmals 1812/14 angefertigten Grundrisse des Ludwigsburger Schlosses lassen sich de la Guêpières Fassung von 1758/59 und Nikolaus Friedrich von Thourets Umgestaltungen von 1802 und 1811/12 vergleichen. Eine untergeordnete

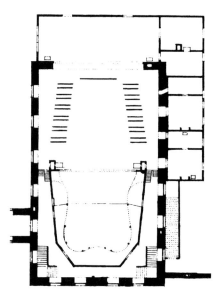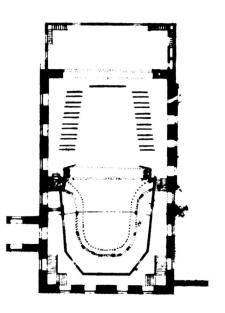

Die beiden Grundrisse des Schloßtheaters in de la Guêpières Anlage und nach Thourets Umbau. Pläne von R. F. H. Fischer 1794 und 1812/14.

Rolle spielt dabei Thourets Eingriff von 1802, der das Theater vor allem instandsetzte. Nur im Bereich der Dekoration nahm er kleinere Veränderungen vor. 1811/12 hingegen erhielt das Theater im Bereich des Zuschauerraums eine Neufassung, die sich bis heute erhalten hat.

Nach Fischers Plänen folgte de la Guêpières Zuschauerraum mit seinen bis zur Bühne reichenden Rängen der Form einer Glocke, die sich im Bereich des Parterre zur Bühne hin öffnete, im Bereich der Logenränge verengte sie sich. Die Glockenform, die auf die bekannte Architekten- und Bühnenbildnerfamilie Galli-Bibiena zurückging, war im Theaterbau des 18. Jahrhunderts neben U-, Ei-, Ellipsen-, Hufeisen- und Tennisschlägerformen ein gängiger Grundriß. Die schwingenden Formen der Glocke eigneten sich hervorragend, um die einzelnen Teile des Parterre, der Logenwände und der Bühne zu einem einheitlichen Gesamtraum zu verschmelzen.

De la Guêpières großes Opernprojekt in Stuttgart, das in der »Encyclopédie« von Diderot und d'Alembert veröffentlicht wurde.

Dem Standard des zeitgenössischen Hoftheaters entsprach auch de la Guêpières in den Raum vorgewölbte Herrscherloge in der Mitte des ersten Rangs im Ludwigsburger Theater. Wie seine weiteren Theaterprojekte – der Umbau der Lusthausoper 1758/59 und noch deutlicher sein Projekt eines Hoftheaterneubaus am Schloßplatz, das er 1772 in Diderots und d'Alemberts »Encyclopédie« veröffentlichte – vermuten lassen, versah de la Guêpière das Ludwigsburger Schloßtheater mit einem aufgelockerten Logensystem. Seine Stuttgarter Arbeiten offenbaren seine Kenntnis der Pariser Reformarchitektur um Marigny und Soufflot. In deren Umkreis entstanden Mitte des 18. Jahrhunderts amphitheatralisch geordnete Rangtheater, die das starre System des italienischen Logenhauses auflockerten. Daß de la Guêpières Theater stets einen höfischen Charakter bewahrten, lag vor allem an der Betonung der zentralen, über zwei Ränge geöffneten Hofloge.

Anfang des 18. Jahrhunderts setzte in der Entwicklung des europäischen Theaterbaus die Suche nach einem Theatergrundriß ein, der gleichermaßen für Optik und Akustik ideal sein sollte. Um die Jahrhundertmitte formulierten klassizistische Theaterreformer daraus eine heftige Kritik am bisherigen Theaterbau insgesamt. In erster Linie sprachen sich die Kritiker gegen das Logentheater aus, dem sie nach dem Vorbild des antiken Theaters das amphitheatralisch angeordnete Rangtheater gegenüberstellten. Francesco Milizia, ein früher Vertreter des Klassizismus in Italien, verglich in seinem Traktat »Del Teatro« 1771 die Logen mit Zellen, die sich negativ auf Akustik und Optik im Theatersaal auswirkten. Die von ihm propagierte Grundrißform war das Halbrund, das eine gleichberechtigte Sitzordnung und

Thourets Entwurf für das kleine Hoftheater am Stuttgarter Schloßplatz, Schnitt und Grundriß im ersten Rang.

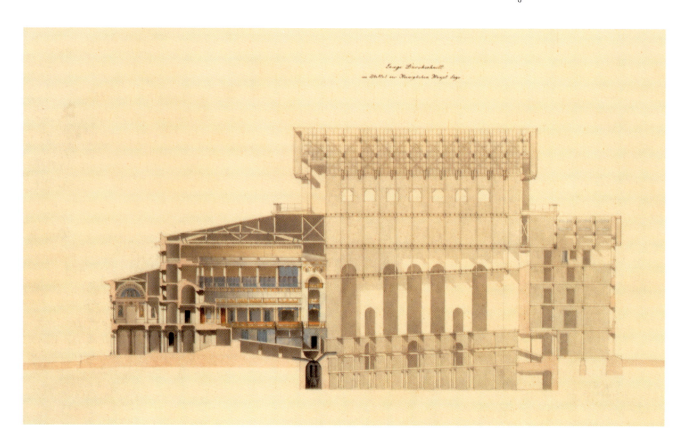

optimale Konzentration des Publikums auf das Bühnengeschehen garantiere. Vor diesem Hintergrund können Thourets Veränderungen an de la Guêpières Theatersaal der klassizistischen Theaterbautheorie zugeordnet werden, auch wenn bauliche Kompromisse mit der vorgegebenen Situation erkennbar sind. Ein weiteres Theaterprojekt Thourets im Auftrag König Friedrichs war der Umbau des Stuttgarter Lusthaustheaters 1811/12. Auch hier mußte er Kompromisse mit der bestehenden Situation eingehen. Seinem fast zeitgleichen Umbau des Ludwigsburger Theaters vergleichbar, veränderte er die Form des Zuschauerraums – hier in einen gestelzten Halbkreis – und nahm die zentrale Königsloge in den Rangverlauf zurück. Insofern orientiert sich auch dieser Entwurf an den Idealen des klassizistischen Theaterbaus. Wesentlich fortschrittlicher erscheint übrigens ein nie realisiertes Neubauprojekt des Architekten für ein Stuttgarter Hoftheater von 1833. Der Zuschauerraum mit aufgelockerten, amphitheatralisch gestuften Rängen, der dezent eingefügten Königsloge und einer Deckenbemalung, die dem antiken »Velarium«, einem großen Sonnensegel über den Zuschauerrängen des Theaters, nachempfunden war, formte die in seinen Vorgängerprojekten bereits vorhandenen Elemente zu einem klassizistischen Gesamtbild.

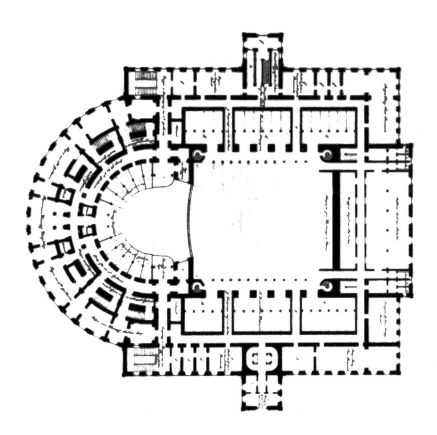

Der sogenannte »korrigierte Fischerplan« von 1812/14 macht deutlich, daß Thouret die ursprüngliche Glockenform ihrer barocken Schwingungen beraubte und zur U-Form glättete. Die Ränge öffnete er zur Bühne hin. Die Herrscherloge, an zentraler Stelle konvex vorgewölbt, wurde in den Verlauf der Ränge zurückgenommen und eingeebnet. Mit der baulichen Veränderung einher ging die Abwandlung der Dekoration im strengen klassizistischen Stil. Sie entspricht den von Thouret um 1800 umgestalteten Räumen der Wohnung des Königs in Neuen Corps de logis des Ludwigsburger Schlosses. Mit der Errichtung eines von zwei Säulenpaaren flankierten Bühnenportals schuf Thouret eine stärkere Trennung von Zuschauerraum und Bühne. Ansonsten beließ er die Bühne mitsamt der Hinterbühne im alten Zustand. Wenn auch Thouret die damals bereits altmodische Glocke als Grundform beibehielt, so reduzierte er mit der Korrektur des Rangverlaufs die ursprüngliche Ausrichtung des Raums auf den zentralen Platz des Herrschers zugunsten einer besseren Bühnensicht für alle Zuschauer. Thourets Neugestaltung des Schloßtheaters von 1811/12 markiert damit den Übergang vom barocken Fürstentheater Carl Eugens, das vorrangig der Selbstinszenierung des Herrschers diente, zum reformierten Hoftheater Friedrichs, das Repräsentations-, aber ebenso auch Bildungsaufgaben erfüllte. Dementsprechend befand sich der bevorzugte Sitzplatz des Königs in seiner kleinen Seitenloge unmittelbar neben der Bühne. Die Hofloge, weiterhin durch ihre Dekoration hervorgehoben und im Zentrum des Raumes gelegen, nutzte der König nur zu repräsentativen Anlässen.

Maschinenzauber im Schloßtheater

Die einzigartige historische Bühnenmaschinerie in Ludwigsburg

von Ursula Quecke

Die barocke Bühnenmaschinerie im Ludwigsburger Schloßtheater, die zum wesentlichen Teil noch aus der ersten Bauphase des Theaters 1758/59 stammt, zählt zu den ältesten erhaltenen ihrer Art. Vielfältig sind die Gründe dafür, daß die meisten Theatermaschinerien des 18. und frühen 19. Jahrhunderts verlorengegangen sind. Einerseits wurde eine Vielzahl früher Theaterbauten durch Brände zerstört und andererseits vor allem die technischen Ausstattungen immer wieder neuesten Standards angepaßt. Mit der Elektrifizierung von Antrieb und Beleuchtung wurden ausgefeilte Lichtregien und Dekorationswechsel möglich, so daß die althergebrachten Kulissenbühnen mit ihren Typendekorationen ausgedient hatten und häufig abgetragen wurden. Nur wenige Bühnenausstattungen der zumeist für lange Zeit unbespielten Hoftheater in Gotha, Drottningholm, Böhmisch Krummau und nicht zuletzt in Ludwigsburg haben sich bis in die heutige Zeit erhalten und besitzen daher einen besonderen Stellenwert, der sorgfältigste Restaurierung und Konservierung verlangt.

Während das Schloßtheater zu Drottningholm noch heute in seinen historischen Kulissen und Maschinerien, die von nur wenigen Bühnenarbeitern in Gang gesetzt werden können, bespielt wird, ist die ursprüngliche Bühnenausstattung des Ludwigsburger Theaters erst in jüngster Zeit nach durchgreifenden Restaurierungsmaßnahmen in Teilen wieder zugänglich. Wie sie funktionierte, wird in den Monaten, in denen das Theater nicht bespielt wird, im Rahmen von Spezialführungen demonstriert. Im April des Jahres 1758 verpflichtete Herzog Carl Eugen neben dem Architekten Philippe de la Guêpière den »Theatral-Maschinisten« Johann Christian Keim mit dem Ausbau des bestehenden östlichen Pavillons des Ludwigsburger Schlosses zu einem stattlichen Theater. Interessant ist die Tatsache, daß der Herzog nicht, wie an den meisten deutschen Höfen üblich, einen italienischen Theateringenieur zu Rate zog, sondern den seit 1751 für die zahlreichen Theaterbauvorhaben seines Hofes tätigen Keim. Dank seiner überaus raschen Arbeitsweise, die den im Theater tätigen Bauleuten in der Planung wie in der Ausführung stets abverlangt wurde, und seiner organisatorischen Fähigkeiten bei der Anleitung der Handwerker und Tagelöhner war das Theater schon Ende Mai 1758 bespielbar, wenn auch die Dekorationen noch aus dem Stuttgarter Opernhaus herbeigeschafft werden mußten. Mehrere Bauaufgaben waren gleichzeitig zu bewältigen, besonders 1759, als Keim neben den Arbeiten im Stuttgarter Lusthaus mit dem nördlichen Anbau des Schloßtheaters beauftragt wurde: »Der Theatralmaschinist Keim mußte auf Ordre des Major und Ober Bau Direktoris des Bauwesens in aller Schnelle veranstalten und ausführen, zu dem Ende by deren vielen Handwerks Leuten beständig gegenwärtig seyn, das Geschäft angeben, und in Stand stellen, während dieser Zeit aber auch denen in Stuttgardt aufgeführten Pastorals und Commoedien wöchentlich viermal, und zwar jedesmahlen Abends um 6 Uhr hinein, und Morgens um 6 Uhr wiederum heraus reiten;...«

Die Anforderungen an einen »Theatralmaschinisten« waren sehr hoch, mußte er sich doch neben der Erfindung und Herstellung der benötigten Bühnenmaschinerien auch um die Dekorationen sowie um die Beleuchtung des Theaters kümmern und nicht zuletzt um den ordnungsgemäßen Ablauf der Aufführung. Ein gewaltiger Maschinenzauber war vonnöten, um das gesteigerte Bedürfnis des höfischen Publikums nach stets neuen Schauwerten zu befriedigen. Die ständigen Verwandlungen der einzelnen Schauplätze – vom Palasthof zur idyllischen Landschaftsszenerie etwa – erforderten rasche Umbauten, die in Sekundenschnelle auf der Bühne bei offenem Vorhang stattfanden und große Begeisterung bei den Zuschauern hervorriefen. Die prunkvollen Festopern, zur Feier und Erhöhung des Regenten veranstaltet, sollten aber nicht nur das anwesende Publikum in die Wunderwelten zumeist mythologischen Ursprungs mit ihren Metamorphosen und vielfältigen Erscheinungen entführen und berauschen, sondern auch stets die Schöpfungen konkurrierender Höfe übertrumpfen.

Woher kam die hohe technische Perfektion der komplexen barocken Maschinerien? Der Blick zurück fällt auf die wandelbare Kulissenbühne in Italien, die dort seit Beginn des 17. Jahrhunderts üblich war. Mit der Verlegung des Spielortes von den öffentlichen Plätzen in die Höfe und Säle der Residenzen und Akademien vollzog sich auch der Wandel von der mittelalterlichen Simultanbühne zum inszenierten Bühnenraum. Bahnbrechend war nach langjähriger Verwendung perspektivisch bemalter starrer Plafonds und Telarien die Einführung von Schiebekulissen, die der Ferrareser Theaterarchitekt und -ingenieur Giovanni Battista Aleotti für das Theater der ortsansässigen Akademie 1606 entworfen hatte. Umrahmt vom Bühnenportal bildeten perspektivisch gestaffelte Kulissen, auf Holzrahmen aufgezogene bemalte Leinwände, gemeinsam mit vom Schnürboden herabgehängten Soffitten und einem Abschlußprospekt den Illusionsraum.

In den folgenden Jahrzehnten wurde die Handhabung der Schiebekulissen rasch perfektioniert. Im Teatro Farnese in Parma bezauberte Aleotti sein höfisches Publikum mit synchronen Schnellverwandlungen, die durch eine zentrale Welle zum gekoppelten Antrieb der Kulissen in rasanter Geschwindigkeit ermöglicht wurden. Praktische Anweisungen zur Einrichtung solch prachtvoller Inszenierungen sind durch das 1638 erschienene Lehrbuch Nicola Sabbattinis »Practica di fabricar scene e machine ne' teatri« überliefert, die uns zugleich den Stand der damaligen Bühnentechnik mit ihren ausgeklügelten Maschinen vor Augen führt. Daß einige dieser Konstruktionen noch bis ins 18. Jahrhundert vorbildlich waren, wird beim Blick auf die Ludwigsburger Bühnenmaschinerie offensichtlich.

Nachdem sich der Vorhang gehoben hatte, fiel der Blick durch das neun Meter breite und sieben Meter

Die Ludwigsburger Bühne im Modell.

Blick in die Unterbühne.

Die Unterbühne mit den Kulissenwagen, auf denen die Kulissengatter hin und her bewegt werden.

Auf beiden Seiten der Bühne befinden sich Kulissengatter, an denen die Kulissen befestigt werden und die gegeneinander verschoben werden können.

hohe Bühnenportal auf die perspektivisch gestaffelte Kulissenbühne. Die ursprüngliche Bühne des Schloßtheaters mit einer Tiefe von 13 Metern und sechs Kulissengruppen wurde schon ein Jahr später im Juni 1759, nach dem Umbau des Stuttgarter Lusthauses zu einem monumentalen Opernhaus mit seiner 56 Meter tiefen Spielfläche, verlängert, so daß vier zusätzliche Gassen eingerichtet wurden, die aber heute nicht mehr erhalten sind. Um eine perfekte Illusion zu gewährleisten, mußten die verschiedenen Dekorationselemente synchron bewegt werden: die auf beiden Seiten der Mittelachse angeordneten Kulissen, die Prospekte als hinterer Bildabschluß und die Soffitten, die das Bild nach oben hin begrenzten. Zur genauen Abstimmung der Verwandlung des Bühnenbildes durch die Unter- und Obermaschinerie verständigten sich die Bühnenarbeiter damals auf Pfiff. Zur Grundausstattung der Unterbühne zählte der Wellbaum, der die Kulissengatter mit Seilen seitlich wegzog, so daß die Kulissen rasch ausgetauscht und wieder zur Bühnenmitte zurückgeschoben werden konnten. In den sogenannten »Gassen« des Bühnenbodens wurden dazu parallel zur Rampe »Freifahrten«, schmale Schlitze zur Führung der Kulissenrahmen auf Holzgleisen, der Kulissenwagen eingeschnitten. Die flüchtig gemalten Kulissen wurden durch das seitlich einfallende Licht der an den nebenstehenden Beleuchtungspfosten befindlichen Lampen zu besonderer Wirkung gebracht. Dieser Zustand wird durch neu bespannte Kulissengatter und entsprechend plazierte Leuchten wieder nachvollziehbar sein.

Teile des Bühnenpodiums konnten durch hölzerne Maschinen versenkt werden, Personen über Hubeinrichtungen auf- und abtauchen. Durch Schieber öffnete sich zum Beispiel effektvoll ein Höllenschlund. Spezielle Wellenmaschinen verwandelten den Boden in eine bewegte Wasserfläche. Im Anhangband der großen Enzyklopädie von Diderot und d'Alembert aus dem Jahre 1772 sind zahlreiche Beispiele von Bühnenmaschinerien und ihrer Anwendung aufgeführt, darunter auch eine Vorrichtung, um ein Schiff bei Sturm schwankend auf den Wogen über das Meer ziehen zu lassen. Eine drehbare Rolle bewegte das Schiff dabei von links nach rechts und in umgekehrter Richtung über die Bühne. Seestürme und strandende Schiffe waren beliebte Motive in den Barockopern, spiegelte sich darin doch der Seelenzustand der Figuren wider. Noch Richard Wagner griff

Eine Maschine, mit der ein Schiff auf dem stürmischen Meer bewegt werden kann. Aus der »Encyclopédie« von Diderot und d'Alembert.

für die Uraufführung seines »Fliegenden Holländers« auf derartige Schiffsdekorationen zurück.
Die Oberbühne verfügte über weitaus variablere Einrichtungen zum vielfältigen Einsatz von Flugwerken und Wolkenmaschinen, um die allegorischen Handlungen in immer neue eindrucksvolle Bilder – aufreißende Wolkenberge oder einstürzende Grotten – einzubetten. Vom Schnürboden wurden über Rollen, Winden und Räder Seile gelenkt, die das Auf und Ab der Prospekte und Vorhänge sowie verschiedener Versatzstücke ermöglichten. Einige der bis zu zwölf Meter hohen und elf Meter breiten Hintergrundprospekte, wie beispielsweise der Weinbergprospekt, sind noch vorhanden. Auch die auf Bühnenbreite angelegten Leinwandbahnen der Soffitten, die als oberer Abschluß des Bühnenbildes dienten, konnten so, auf den Wellen aufgeschnürt, herabgelassen und rasch wieder heraufgezogen werden. Segelrollen lenkten den Zug der Seile zum Tragen der jeweiligen Last in jede beliebige Richtung um.

Der Göpel und das große Rad über dem Zuschauerraum, mit denen zum Beispiel der große Kronleuchter hochgezogen wird.

Über das mächtige Rad und den Göpel über dem Zuschauerraum, die heute zur Aufhängung des Kronleuchters dienen, konnte ursprünglich ein Wolkenwagen gehoben und gesenkt werden. Oft mußte eine große Anzahl von Personen befördert werden: so erschienen neben Gestirnen und Winden in menschlicher Gestalt die Gottheiten des Olymp, die vor dem sich öffnenden Himmel herabschwebten, aber auch stürzende Ungeheuer, die in den Höllenschlünden des Bodens verschwanden. Beim Schlußbild einer von Giacomo Torelli 1654 in Paris inszenierten Oper schwebten etwa 18 Personen auf sechs Wolken herab auf die Bühne.

Die Aufführung der Festoper »Fetonte« zum Geburtstag Herzog Carl Eugens am 11. Februar 1768 erforderte vom Bühnenmaschinisten Keim wiederum großen Einsatz bei der Ausstattung des Spektakels. Die Anbringung der Flugmaschine war dermaßen flexibel, daß der Wagen Phaetons mitsamt dem Pferdegespann nicht nur hin- und herfahren, sondern sich auch dre-

Zeichnung zu einer Maschinerie für den Phaetons-(Sonnen-)Wagen, wahrscheinlich in Niccolo Jommellis Oper »Fetonte«, 1768.

hen konnte. Über sechs Seile, die zwischen den Wellen des Meeres aus der Unterbühne heraufführten, wurden die Vertikalbewegungen und Drehungen des Flugapparates bewerkstelligt.

Auch die Geräuschkulisse mußte stimmen. Regen- und Wind-, aber auch Blitz- und Donnermaschinen gehörten daher zur Ausstattung. In vielen Theatern wurde der Donner durch Rumpelkarren, mit Steinen gefüllte metallbeschlagene hölzerne Wagen auf eckigen Rädern, erzeugt. Im Ludwigsburger Theater hingegen hat sich auf der linken Außenseite des Bühnenportals noch ein Donnerschacht erhalten. Die mächtigen Donnerschläge wurden durch Steine oder Metallkugeln produziert, die vom Einwurf auf Höhe des Schnürbodens etwa zehn Meter in die Tiefe herunter im Fall auf keilförmig angebrachte Hölzer aufschlugen, hin und her geworfen wurden und gegen die Wände polterten.

Wesentlich für die Wirkung des Bühnengeschehens, zugleich mit äußersten technischen Schwierigkeiten verbunden und obendrein noch sehr kostspielig war die Bühnenbeleuchtung. Bis zum Beginn des 19. Jahrhunderts bediente man sich offener Flammen, vor allem Öllampen und ungleich teurerer Wachskerzen, die, aufgestellt inmitten der mit Leinwand bespannten Holzgerüste der Kulissen, eine extreme Feuergefahr bedeuteten. Die Belästigung der Akteure wie der Zuschauer durch die Rauchbildung und den Gestank war zudem überaus groß. Die mehrflammigen Öllämpchen der Rampenbeleuchtung, die sich über die gesamte Breite der Bühne zog, verursachten eine starke Qualmbildung, die besonders die Sängerinnen und Sänger auf der Vorderbühne beeinträchtigten. Als man später die Beleuchtung auf Wachskerzen umstellte, bedeutete dies zwar, daß die Kosten beträchtlich anstiegen, zugleich nahm jedoch auch die Leuchtkraft zu, die wiederum die Gebärden und die Mimik der Künstler verzerrte. Um diesen Nachteil etwas auszugleichen und nicht zuletzt, um den Zuschauern das Mitlesen der Libretti zu erleichtern, brannten auch während der Aufführung die Kronleuchter im Zuschauerraum.

Neben der Rampenbeleuchtung mit ihrem Lampentrog, der zum Verdunkeln und Anzünden der vielen Lichter mit einer eigenen Maschinerie abgesenkt und angehoben werden konnte, waren an der Decke der Proszeniumsöffnung kristallene Kronleuchter angeordnet, die die Vorderbühne mit einem starken Oberlicht versorgten. Zur Beleuchtung der Dekorationen und des Spiels waren zahlreiche Lichter auf senkrechten Latten zwischen den Kulissen angebracht. Diese Beleuchtungsständer mit den Abblendvorrichtungen für die Öllampen – halbmondförmige, mit Öffnungen für die Dochte versehene Blechdosen – haben sich im Ludwigsburger Schloßtheater noch erhalten.

In seiner grundlegenden Studie zum Ludwigsburger Schloßtheater (Berlin 1994) geht Hans-Joachim Scholderer ausführlich auf die barocke Bühnenmaschinerie und ihre Funktionsweisen ein. Dieser Artikel stützt sich, was Ludwigsburg betrifft, auf dieses Buch, dem auch die zitierten Quellen entnommen sind.

Bühnenschätze vom Dachboden

Die historischen Theaterdekorationen

von Saskia Esser

In Schloß Ludwigsburg bewahrheitete sich, daß Dachböden hin und wieder für Überraschungen gut sind. Jahrzehntelang lagerten in einem Dachraum über dem Schloßtheater etliche mehr als zehn Meter breite Stoffrollen und ein dichter Packen großformatiger Holzrahmen mit geschweiften Kanten. Auf deren Leinwand ließen sich unter der Staubschicht leuchtend farbige Darstellungen von blühenden Akazien, dunklen Tannenwäldern, Weinberglandschaften, kostbar ausgestatteten Empireräumen, einem virtuos gemalten Kerkergewölbe und einem gotischen Kreuzgang erahnen. Dank seiner hundertjährigen Ruhezeit zwischen 1853 und 1954 blieb das Ludwigsburger Schloßtheater insgesamt so komplett erhalten, daß es heute dem Betrachter die einzigartige Möglichkeit bietet, sich in die Zeit zurückzuversetzen, als die Bühnenwerke der Klassiker ihre Erstaufführungen erlebten, als Goethe, der ab 1791 dem Weimarer Hoftheater vorstand, Schillers Werke inszenierte und dem Bühnengeschehen der Zeit neue Impulse gab. Zuschauerraum und Bühnenportal, vom Hofarchitekten Nikolaus Friedrich von Thouret 1811/12 umgestaltet, bilden in Ludwigsburg mit den Ende des 18. Jahrhunderts und zu Beginn des 19. Jahrhunderts entstandenen Bühnenbildern eine umfassende, stimmige Einheit. Da auch die 1758 eingebaute Maschinerie der Unterbühne mitsamt Kulissengattern und Beleuchtungspfosten noch vorhanden ist, lassen sich die historischen Bühnendekorationen mit der authentischen Technik und Beleuchtung zeigen. Vor allem aber sind die seinerzeit spektakulären Verwandlungen von Szenen auf offener Bühne praktizierbar, bei denen ein Bühnenbild synchron in das folgende übergeht: eine theatergeschichtliche Sensation.

Um den Glücksfall zu komplettieren, blieb in Ludwigsburg der stattliche Fundus von annähernd 140 Kulissen und Bühnenversatzstücken sowie vierzehn zugehörigen Hintergrundprospekten erhalten, außerdem ein Theatervorhang, der schon den kleinen Hoftheatern in Grafeneck und Teinach gedient hatte – während an Theatern andernorts die sperrigen alten Bühnenbilder den Bedürfnissen neuer Inszenierungen hatten weichen müssen. Die historischen Spielstätten mit Resten alter Bühnenbilder lassen sich europaweit an einer Hand aufzählen: Das schwedische Hoftheater in Drottningholm z. B. besitzt noch mehrere Bühnendekorationen aus der zweiten Hälfte des

18. Jahrhunderts, sehr geringe Bestände aus dem frühen 19. Jahrhundert blieben in den böhmischen Theatern in Krummau und Leitomischl (heute Český Krumlov und Litomyšl) erhalten, die Zeit des späten 19. Jahrhunderts ist im sächsischen Hoftheater in Meiningen dokumentiert. Über das Aussehen historischer Bühnenbilder sind wir sonst lediglich durch Entwürfe unterrichtet. Der reiche Ludwigsburger Bestand läßt sich zu sechzehn meist recht kompletten Bühnenbildern zusammenstellen bzw. variieren. Es sind dies die einzigen erhaltenen Bühnenbilder aus klassischer Zeit.

Das Bühnenbild der Zeit um 1800 – man hatte die dynamische Perspektive barocker Bühnenräume aufgegeben – umfaßte höchstens vier bis sechs Kulissenpaare. Sie wurden an beweglichen Gattern befestigt, die sich seitlich in die Tiefe staffelten. Ein Prospekt, der über die gesamte Bühnenbreite reichte, schloß das Bild nach hinten ab. Die Soffitten – etwa zwei Meter hohe, bühnenbreite Stoffbahnen – bildeten den oberen Teil des Bühnenbildes und verdeckten zugleich

Der sogenannte »Teinacher Vorhang«, ein Bühnenvorhang aus den Theatern in Grafeneck und Teinach stammend.

den Blick auf den Schnürboden. In der Bühnenmitte konnten frei aufgestellte Versatzstücke, von denen sich in Ludwigsburg ebenfalls eine stattliche Anzahl erhalten hat, die Szene ergänzen. Sogar eine Kollektion Kulissentüren ist noch vorhanden; solche Türen wurden in die passenden Prospekte eingefügt und gewährten den Akteuren einst den Zutritt zur Bühne.

Wechselte der Ort des Bühnengeschehens, war die Schnellverwandlung der Szenerie auf offener Bühne die seit dem 17. Jahrhundert gängige und vom Publikum gern bestaunte Praxis. Die Ludwigsburger Bühne ist hierfür noch heute ausgerüstet. Mit der Maschinerie der Unterbühne fuhr man die auf jeder Bühnenseite paarweise angeordneten Kulissengatter hin und her. Die Kulissen des abgehenden Bühnenbildes bewegten sich dann nach außen aus dem Blickfeld des Publikums weg, während gleichzeitig die des neuen Bildes Richtung Bühnenmitte glitten und sich zum neuen Szenenbild formierten. Die zurückgefahrenen Gatter konnten nun schon mit den Kulissen der nächsten Szene bestückt werden: Eine Vielzahl von Wechseln war auf diese Weise möglich. Hintergrundprospekt und Soffitten wurden bei der Verwandlung synchron mit der Bewegung der Kulissen hochgezogen bzw. vom Schnürboden herabgelassen.

Zu Vorstellungsbeginn blickte das einst erwartungsvoll im Parkett und auf den Rängen versammelte Publikum ebenso wie der Souverän in der Königsloge zunächst auf den geschlossenen Theatervorhang am Bühnenportal, der auch heute noch dort vorhanden ist. Apoll, Gott der Künste und Wissenschaften, begrüßt hier, die Lyra haltend, von einer Wolkenbank herab die in das Reich der Musen Eintretenden. Die Strahlengloriole spielt auf seine Gleichsetzung mit Helios, dem Lenker des Sonnenwagens, an. Unten lagern die neun Musen, deren Anführer der jugendlich schöne Gott ist. Eine von ihnen ist besonders hervorgehoben: am Fuße der herabwallenden Wolken, gleichsam im Abglanz des göttlichen Lichtes, erscheint lorbeerbekränzt Klio, die Muse der Geschichtsschreibung. Sie stützt ihren Arm auf einen Lederfolianten, dessen Rückentitel in großen Lettern den Namen von Thukydides nennt, des ersten großen Historikers der griechischen Antike. Ihre Rechte umfaßt die Trompete, mit der sie die Ruhmestaten der Menschen verkündet. Es entspricht ganz humanistischem Geist wie auch dem Inhalt der damals aufgeführten Opern, daß die Überlieferung

Bühnenvorhang »Apollo und die Musen«.

denkwürdiger Menschheitsgeschichte den Stoff für die Künste hergibt und diesen vorangesetzt ist. Huldigend sind die Schwestern, Inspiratorinnen der anderen Künste, Klio zugewandt. Kalliope, die Rückenfigur im Vordergrund, reicht ihr einen Lorbeerkranz. Diese Muse epischer Dichtung und der Wissenschaften weist sich durch die Titel der Bücher aus, auf denen ihre Linke ruht: »ILIADE«, »ODISSEA« und »ENEIDE« – die großen Epen des griechischen und römischen Altertums. Kalliope ist als einzige durch ihre Geste und die Gegenüberstellung enger auf Klio bezogen und hat so Anteil an deren Vorrangstellung. Auch sie trägt das hoheitsvolle Rot des Manteltuches, das Apoll zu eigen ist. Ihr zugeordnet, an ganz prominenter Stelle in der Mitte des Vordergrundes, hat der Maler die Utensilien seiner eigenen Sparte dargestellt – die der Bildenden Künste –, für die nach der überkommenen Aufgabenverteilung eigentlich keine der Musen zuständig ist. Indem er Kalliope als Inspiratorin beruft, stellt er sich in die Tradition seiner Malerkollegen, die sich seit dem 16. Jahrhundert vom Handwerker zum freien Künstler emanzipiert und die Bil-

dende Kunst, insbesondere die Malerei, in die Nähe der Wissenschaften gerückt haben. Zugleich bestätigt er die akademische Rangordnung, nach der die Historienmalerei, die Schilderung göttlicher und menschlicher Taten, Vorrang hat vor allen anderen Gattungen der Malerei. Gut zu erkennen im Reigen der Musen ist die sternenbekränzte Urania, sie steht mit ihrer Armillarsphäre für die Astronomie. Die übrigen Musen lassen sich nicht so eindeutig benennen, da ihre Attribute wie auch die zugeordneten Künste nicht kanonisch festgelegt sind und gern variiert werden. Die Rückenfigur links mit dem Saiteninstrument mag Erato, die Muse lyrischer Dichtkunst sein, ihr zugewandt sitzt Euterpe mit Doppelflöte, die als Inspiratorin lyrischen Gesanges gilt. Die Figur hinter ihr verweist mit dem Titel ihrer Schriftrolle »SUADE...« auf die Gabe der Beredsamkeit. Am rechten Rand der Gruppe, um Klio gruppiert, dürften die Musen des tragischen Schauspiels und der Komödie vertreten sein: Melpomene hält in der erhobenen Rechten einen Dolch, mit der Linken präsentiert sie zwei Zepter, Goldreif und Zackenkrone. Ihre Schwester Thalia weist sich durch Efeukranz und Theatermaske aus. Im Blaugrau des Hintergrundes nur angedeutet

Pegasos, ein Detail aus dem Bühnenvorhang »Apollo und die Musen«.

steigt rechts hinter dem Berg das geflügelte Dichterroß Pegasos auf und macht deutlich, daß als Ort der göttlichen Versammlung nicht der Parnaß, sondern der Musenberg Helikon gemeint ist, wo sich die durch einen Hufschlag des Rosses geöffnete Quelle Hippukrene aus dem Bergeinschnitt herab ergießt. Zwischen Palmen lehnt ganz links, gestützt auf ein Ruder, ein fast vegetabil erscheinender Flußgott mit Blättern im zottigen Haar an einem Gefäß, aus dem Wasser herausquillt. Ganz versteckt enthält der riesige Vorhang eine Huldigung an den herzoglichen Auftraggeber. Auf dem Notenblatt, das einer der drei Genien links neben Apollo emporhält, sind die Initialen »C:H Z:W« aufgemalt, Abkürzung für Carl (Eugen) Herzog zu Württemberg. Das mit Noten und Blasinstrument versehene Genienpaar verkündet musikalisch gewissermaßen das permanente Herrscherlob. Die Geniengruppe auf der anderen Seite Apollos ergänzt den Verweis auf die Musik durch den auf Bildende Künste und Architektur mit Palette, Meßinstrument und Zeichnungen auf Folioblättern.

Dieser virtuos gemalte Bühnenvorhang dürfte noch ein Werk Innocente Colombas sein, der mit kurzer Unterbrechung von 1750 bis 1768 das Dekorationswesen an Carl Eugens Hoftheatern leitete. In diese Zeitspanne fällt die auch im europäischen Vergleich glanzvoll zu nennende Blüte des württembergischen Theaterwesens mit nahezu unbegrenztem Etat und dem Engagement von Künstlern internationalen Ranges. Weiteres originales Anschauungsmaterial zur Bühnenbildkunst dieser Zeit ist uns nur vereinzelt in wiederverwendeten Resten überliefert. So zeigen diverse Kulissen auf ihren Rückseiten fragmentarisch eine Rokokoarchitektur mit Chinoiserien, man sieht farbig gestreifte Zelte, an denen Speere lehnen, oder einen Schiffsrumpf mit goldenen Ketten und Löwenköpfen. Auch in den Prospekten finden sich Leinwandpartien aufgegebener Dekorationen. In einem Fall läßt sich sogar die Inszenierung noch benennen: Der Vorhang des Bühnenbildes »Elysische Gefilde« enthält eingenäht eine Soffitte mit verblaßten Deckenkassetten und der Aufschrift »No 1 / Fris Campitolio Etius // No I / Campidoglio Ezio«. Sie entstammt der Kapitolszene

Apollo im Strahlenkranz; Detail aus dem Bühnenvorhang »Apollo und die Musen«.

Der Rest einer Rokokoarchitektur, wie man sie auf der Rückseite einer Kulisse mit wiederverwendeter Leinwand findet.

Rückseite einer Kulisse mit wiederverwendeter Leinwand: ein Zelt mit Speeren.

Auf der Vorderseite dieser Kulisse ist ein bäuerliches Haus zu sehen.

jener Ezio-Inszenierung im Stuttgarter Lusthaus, deren Entwurf Carl Eugen zunächst mißbilligt hatte: »Campidoglio.---. diese Scene ist ganz neu zu machen, und solle (der) Decorateur sich alle Mühe geben, etwas großes und prächtiges an Tag zu bringen. Der riss wird nicht approbirt.«

Das Bühnenbild »Elysische Gefilde« dürfte das älteste des erhaltenen Bestandes sein. Es ist, wie viele der übrigen Dekorationen, für die Bühne des intimen Schloßtheaters zu groß; der Prospekt läßt sich hier nicht in voller Länge hängen. Das Bild könnte für das 1764 eiligst beim Ludwigsburger Schloß errichtete Opernhaus geschaffen worden sein, das nur bis 1775 in ständiger Benutzung war. Carl Eugen hatte es erbauen lassen, als er infolge seiner Auseinandersetzungen mit den württembergischen Landständen für eben diese Zeitspanne seine Residenz nach Ludwigsburg verlegte. Ab 1764 endete allmählich die überschwengliche Ausgabenpolitik für das Theaterwesen. Anstelle einer schon geplanten Neuinszenierung begnügte man sich im 1765 fertiggestellten Ludwigsburger Opernhaus mit der Wiederholung

Auf der Rückseite einer Kulisse mit wiederverwendeter Leinwand: ein Schiffsrumpf.

Kulissentür, passend zum Prospekt des Bühnenbildes »Blauer Saal mit französischem Kamin«, auf der Vorderseite einer Kulisse.

Bühnenbild »Elysische Gefilde«. ▷

einer Oper in den für Stuttgart gefertigten, vergrößerten Dekorationen. Für das Programm des nächsten Jahres galt es, mit dem Vorhandenen auszukommen und Dekorationen umzuarbeiten. Notwendige Neuanfertigungen sollten aus der Leinwand ausgewaschener Bühnenbilder hergestellt werden. Solch sparsamer Umgang mit Material zeichnet die »Elysischen Gefilde« aus; hier wurden nicht nur intakte, sondern auch durch Flicken ausgebesserte Leinwände weiterbenutzt. Als Künstler käme Colombas langjähriger Assistent und Nachfolger Giosue Scotti in Betracht, der von 1768 bis 1777 die Theatermalerei leitete. Denkbar ist auch eine Beteiligung Nicolas Guibals, der sich am württembergischen Hof früh Verdienste in der Dekorationsmalerei erworben hat und ab 1777 neben seiner Funktion als Galeriedirektor auch dem Dekorationswesen vorstand. Die Ausführung lag jeweils in den Händen tüchtiger Theatermaler.

Dringender noch als bei den »Elysischen Gefilden« sah man sich beim Prospekt des Bühnenbildes »Weinberggegend« auf jedes brauchbare Stück Stoff angewiesen. Er enthält Streifen von lediglich zehn bis zwanzig Zentimetern Breite, die in sechs Meter langen Nähten völlig spannungsfrei eingefügt sind.

Eine Kulisse des Bühnenbildes »Elysische Gefilde«.

Rechts und links setzte man Leinwände an, die vorder- und rückseitig Bemalung tragen, hier also bereits zum dritten Mal verwendet wurden. Die Weinberg-Dekoration war, wie alle übrigen Bühnenbilder, in verschiedenen der zahlreichen neben- und nacheinander bestehenden Hoftheatern zum Einsatz gekommen. Nagellöcher zeugen von der Benutzung auf drei unterschiedlich hohen Bühnen. Zur Verlängerung ist oben quer eine alte Wolkensoffitte angesetzt. Von dieser sparsamen Praxis, die Bühnenbilder nicht nur in einem Theater zu gebrauchen, berichten auch vielfach die Archivalien.

Der Weinbergprospekt läßt sich mit unterschiedlichen Kulissensätzen zu zwei Bühnenbildern kombinieren: Zusammen mit ländlichen Häusern ergibt sich ein Dorf, mit Kulissen von Obst- und Weingärten eine liebliche Kulturlandschaft.

Ebenfalls zwei Varianten erlaubt der Prospekt »Waldlandschaft«, er ist kombinierbar mit Fels- oder Waldkulissen. Ein Felsblock, Gebüsch und ein ausladender Baum sind hierzu als Versatzstücke erhalten. Den heute hell erscheinenden Hintergrund muß man sich, wie Farbreste belegen, durchgängig als blauen Himmel vorstellen. Das häufige Auf- und Ablassen beim Gebrauch des Vorhanges hat die

Der Prospekt »Weinberglandschaft« zeigt auf seiner Rückseite zahlreiche Nähte und die oben zur Verlängerung angesetzte Wolkensoffitte (auf dem Foto herabhängend).

Malschicht an vielen Stellen abfallen lassen. Die einstmals sehr differenzierte Malerei bewahrte sich jedoch in zahlreichen Details.

Neben diesen Landschaftsbildern sind fünf Innenraumdekorationen und ein effektvoll gemalter Kerker so gut wie komplett erhalten. Darüber hinaus gehört ein Sternenthron mit dem schmalen Prospekt eines Alkovens von täuschend gemalter Tiefenräumlichkeit zusammen. Die Prospekte eines gotischen Kreuzganges und eines neugotisch dekorierten Wappensaales lassen sich jeweils mit Maßwerkkulissen zu Bühnenbildern ergänzen. Ein Kirchenraum blieb unvollständig mit zwei Altären und einigen Architekturkulissen erhalten, ebenso ein Straßenzug aus klassizistischen Hauskulissen, dessen Prospekt nicht mehr vorhanden ist. Von einer einstigen Bauernstube zeugen schließlich nur noch einige sehr zerstörte Kulissen sowie eine Prospekthälfte, deren Gegenstück verloren ist.

Diese Bühnenbilder in klassizistischen und historisierenden Formen dürften zur Zeit des ab 1797 regierenden Herzogs Friedrich II. von Württemberg, des späteren Königs Friedrich I., entstanden sein. Jener erste württembergische König führte das inzwischen von seiner einstigen Höhe weit entfernte Theaterwesen zu einer zweiten, bescheideneren Blüte. Ludwigsburg diente ihm als Sommerresidenz. So zog in das Schloßtheater, das seit Carl Eugens Rückverlegung der Residenz nach Stuttgart ab 1775 nur noch gelegentlich genutzt, eine Zeitlang auch verpachtet war, nochmals höfisches Theaterleben ein. Auch ein Theaterneubau entstand: Anstelle des abgerissenen großen Ludwigsburger Opernhauses, das der Gartengestaltung im Wege gestanden hatte, ließ König

Ein Detail aus dem Prospekt »Waldlandschaft«.

Die »Waldlandschaft« mit Baumkulissen.

Prospekt »Waldlandschaft mit Felskulissen«.

Friedrich bei Schloß Monrepos ein Theater errichten, um für aufwendigere, die Kapazität des Schloßtheaters übersteigende Opernaufführungen gerüstet zu sein. 1809 führte man dieses Haus aus dem Material des abgetragenen Grafenecker Theaters auf, ein Jahr später wurden Dekorationen für das neue Theater gemalt. Die vier Bühnenbilder von Sälen in unterschiedlichem klassizistischem Dekor sind höchstwahrscheinlich anläßlich dieser Neuausstattung und der Wiederbelebung des Schloßtheaters entstanden. Die Entwürfe für die sehr qualitätvollen Dekorationen dürften

Prospekt »Weinberggegend« kombiniert mit dörflichen Kulissen.

Dieselbe »Weinberggegend« mit Kulissen von Obst- und Weingärten.

von der Hand des Hofbaumeisters Nikolaus Friedrich von Thouret stammen, der 1811/12 das Schloßtheater im Zeitgeschmack modernisierte und auch Entwürfe für Bühnendekorationen lieferte. Das Schloßtheater wie auch das neue Haus beim Schlößchen Monrepos wurden zu Lebzeiten König Friedrichs im Sommer regelmäßig bespielt. Glanzvolle Höhepunkte im Schloßtheater waren 1804 die Gastspiele August Wilhelm Ifflands, im folgenden Jahr die Aufführung der Mozartoper »Don Giovanni« anläßlich des Besuches Napoleons am württembergischen Hof, zuletzt 1815 Boieldieus Oper »Télémaque« zu Ehren der hohen Gäste Kaiser Franz I. von Österreich und Zar Alexander I. von Rußland. Mit König Friedrichs Tod im Jahr 1816 endete Ludwigsburgs Rolle im höfischen Theaterbetrieb fast völlig. Sein Nachfolger, König Wilhelm I., der sich fast ausschließlich in Stuttgart aufhielt, ließ 1819 das kaum zehn Jahre alte Theater in Monrepos abbrechen und dort vorhandene Dekorationen in das Schloßtheater bringen. Nur noch während der Sommeraufenthalte Königin Paulines bis zum Jahre 1853 wurde es gelegentlich genutzt. Während dieser Zeit seiner letzten Bespielung mag noch manches an nicht mehr benötigten

Bühnenbilder »Blauer Saal mit französischem Kamin« (oben), »Weißer Marmorsaal mit Greifendekor« (Mitte), »Roter Saal mit Rautendekor« (unten rechts), »Roter Gartensaal« (unten links).

Ein »Kreuzgang«, zu sehen ist die untere Partie des Prospektes.

Die Thronkulisse mit Sternendekor. ▷

Ein »Alkoven« als Prospekt zum Sternenthron.

Bühnenbildern aus den übrigen Hoftheatern in den Dekorationsfundus des Schloßtheaters gewandert und auf diese Weise erhalten geblieben sein.

Auch heute noch bestechen die Dekorationen durch ihre suggestive Tiefenräumlichkeit, die Stimmigkeit der Lichtführung und die gekonnte Charakterisierung unterschiedlichster Stofflichkeit, seien es Goldornamente, Bäume oder Steinmauern. Ganz auf illusionistische Fernwirkung abzielend, sind die Details auf ihre für die Gesamtwirkung wesentlichen Effekte reduziert. Die Malerei verlangte eine sehr routinierte, sichere Hand. Wegen der besseren Strapazierfähigkeit der Bühnenbilder vermied man einen mehrschichtigen Farbauftrag und ließ die Farbe möglichst gut in die Leinwand eindringen. Damit verboten sich korrigierende Übermalungen. Lediglich die zur plastischen Modellierung notwendigen Lichter und Höhungen wurden in mehreren Farbschichten aufgetragen; eben diese Partien gingen beim Gebrauch der Bilder am stärksten verloren. Auch die Zusammensetzung der Farben ist mit Bedacht auf die Funktion der Dekorationen abgestimmt. Der körnig trockene Charakter der mager gebundenen Farben läßt die auf der Bühne seitlich beleuchteten Bilder mit größter

Bühnenbild »Kerker« und Detail.

Brillanz zur Geltung kommen; jeder störende Glanz ist vermieden.

Im restaurierten Schloßtheater haben die Besucher zwischen September und März die Gelegenheit, die dann in wechselnder Auswahl aufgebauten Bühnenbilder zu studieren und sich fast vollkommen in die Zeit König Friedrichs I. entführen zu lassen.

Antike Götter und Kanonenkonzerte

Theaterleben am Hof von Ludwigsburg

von Frank Thomas Lang

Theater und Musik am württembergischen Hof sind keine Erfindung des glanzvollen 18. Jahrhunderts, dem das Ludwigsburger Theater zu verdanken ist. Schon immer wurde zu Festen Dramatisches aufgeführt; wandernde Schauspielergruppen kamen an den Hof wie überall, Theatertruppen suchten um Engagements nach. Vor dem 30jährigen Krieg kamen die ersten französischen Schauspieler, 1660 hörte man am Stuttgarter Hof erstmals die neuartige italienische Oper. Die Musik wurde jedoch, eine württembergische Sonderlichkeit, von der Kirche finanziert. Herzog Christoph hatte in der Mitte des 16. Jahrhunderts die Musikanten der Hofkapelle zu den Aufgaben des Kirchenkastens gerechnet, spielten sie doch häufiger bei kirchlichen als bei weltlichen Festen. Mit gelegentlichem Murren der kirchlichen Kassenverwalter scheint dies auch bis in die Zeit von Herzog Eberhard Ludwig erträglich gewesen zu sein. Der ambitionierte junge Fürst jedoch schickte sich in ganz ungewohnter Weise an, den höfischen Aufwand in Württemberg mindestens auf das Niveau größerer Vorbilder wie etwa des benachbarten Bayern zu heben. Daß zu seinen Lebzeiten der geplante Theaterbau im Ludwigsburger Residenzschloß nur in den Außenmauern fertiggestellt wurde, zusammen mit einem Gegenstück, dem Festinbau im Westen des Schlosses, hinderte nicht am Theaterspiel. Für Aufführungen ebenso wie für Hoffeste war es verbreitete Sitte, vergängliche Dekorationen und Theaterarchitekturen zu improvisieren; auch der Festinbau im östlichen Pavillon enthielt ja eine Einrichtung als »Comoediensaal«.

Als der Herzog 1718 Stuttgart den Rücken kehrte und die Residenz nach Ludwigsburg in das dortige halbfertige Schloß verlegte, brachte er die Hofmusik mit. Seit 1716 hatte der Italiener Giuseppe Brescianello die Leitung des stattlichen Orchesters; 50 Mitglieder zählte die Kapelle, die nun nicht mehr unter der Leitung eines deutschen kirchlichen Musikers stand. Bei allem höfischen Ehrgeiz des absolutistischen Herzogs: Eine feste Komödientruppe oder gar ein Opernensemble gab es noch nicht. Die Aufführungen waren oft Teil von Hoffesten, die Schauspieltruppen immer wieder für Monate oder auch einmal ein Jahr verpflichtet. Fast ohne Ausnahme spielten in der Zeit Eberhard Ludwigs französische Schauspieler das Repertoire, das damals der höfischen Kultur in ganz Europa entsprach: die großen

Franzosen, Racine, Corneille und auch Molière, aber wohl auch derbere Kost, Possen und Stegreifkomödien. Mit den Stücken, Komödien ebenso wie Tragödien, heute ehrfürchtig als Klassiker betrachtet, verwoben wurden Ballette, die sich nicht immer mit dem Thema des Dramas berührten. Manches Mal bildeten sie den Abschluß, gelegentlich aber auch eine Unterhaltung zwischen den einzelnen Akten.

Wenig angenehm war für die Schauspieler die Situation in Württemberg. Weder Künstler noch Handwerker, die die Ausstattung lieferten, bekamen das ihnen zustehende Geld mit Regelmäßigkeit. Nach jahrelangen Verhandlungen und Auseinandersetzungen einigte man sich oft auf teilweise Abfindungen, mit denen die betrogenen Künstler sich endlich froh auf die Reise an andere Höfe machen konnten.

Eberhard Ludwig starb 1733. Sein Nachfolger Herzog Carl Alexander regierte zwar nur kurz, erweiterte aber die Hofmusik auf 63 Personen. Außerdem ließ er das Stuttgarter Komödienhaus renovieren und 1737 feierlich durch eine Oper eröffnen. Nach seinem plötzlichen Tod jedoch wurde alles aufgelöst, die Opernsänger entlassen. So kam es, daß sein Sohn, Carl Eugen, bei seinem Regierungsantritt im Jahr 1744 nur weniges vorfand, was den Ansprüchen dieses Prinzen genügte, der eine Lehrzeit am preußischen Hof absolviert hatte. Carl Eugen machte daher einiges wieder rückgängig: Er stellte den Brescianello wieder ein und erweiterte nochmals das Personal. Dennoch stand er bei seiner Hochzeit mit der brandenburg-bayreuthischen Prinzessin Elisabeth Friederike im Jahr 1748 eher beschämt da. Die Feierlichkeiten in Bayreuth, dann die in Stuttgart und in Ludwigsburg boten einen Vergleich zwischen den beiden Höfen. Um im Schloßtheater in Ludwigsburg die Tragödie »Andromache« von Racine geben zu können, mußte man sich Schauspieler vom benachbarten Mannheimer Hof erbitten. Württemberg hatte keine feste Truppe, und vor allem: keine Kräfte für die Oper. Die junge Herzogin war wohl äußerst ungehalten über das gebotene Niveau, kam sie doch von einem Hof, an dem all dies zur Verfügung stand. Das dortige markgräfliche Opernhaus, seit 1745 in Arbeit, war zu ihrer Hochzeit von Vater und Sohn Galli-Bibiena, führenden Theaterarchitekten der Zeit, eingerichtet worden.

Der Genuß der Aufführungen war im übrigen nicht nur passiv. Vielmehr war es noch durchaus üblich, daß der Hof bis hin zu den regierenden Herrschaften Rollen auf der Bühne übernahm. Die junge Herzogin installierte daher auch ein Laientheater aus Mitgliedern des Hofes – selbstverständlich nur eine notdürftige Abhilfe für den Mangel. Dabei war das Theater nicht nur eine kostspielige Form der Unterhaltung; wie fast alles, was bei Hof geschah, war es Teil einer wohlkalkulierten Inszenierung eines Herrschaftsideals, ästhetisches Ritual einer Macht. Nicht nur, daß die Hoftheater des Absolutismus sich in ihrer Anlage an zwei Polen orientieren: Der Bühne gegenüber ist der Platz des Souveräns, das höfische Publikum verfolgt eher, was sich zwischen diesen beiden Polen abspielt als nur das Geschehen auf der Bühne. Auch alles, was auf der Bühne geschieht, wird Spiegelung des fürstlichen Tuns. Das Reservoir der antiken Mythologie wird benutzt, um in Allegorien und Gestalten der griechisch-römischen Götterwelt auf den Herrscher, seine die menschliche Begrenztheit übersteigenden Eigenschaften und seine glückhafte Herrschaft anspielen zu können. Daß dabei dann gelegent-

Hoffeste als große Inszenierung: Die Hochzeit Herzog Carl Eugens wurde unter anderem mit einem großen Feuerwerk vor dem Favorite-Schlößchen gefeiert.

lich der Fürst in Person die Rolle des Helden – sei es Herkules oder Jupiter – gleich selbst auf der Bühne übernimmt, macht dies für heutige Augen fast deutlicher als nötig.

Carl Eugen warf sich mit großem Einsatz auf die Entwicklung dieser Kultur. Bereits 1750 werden die Sängerin Marianne Pirker und ihr Mann, der Violinist Franz Pirker, verpflichtet, außerdem der Kastrat Giuseppe Jozzi. Auf der ersten Italienreise schließlich engagiert der Herzog 1753 Niccolo Jommelli (1714–1774) als Oberkapellmeister. Wer war dieser Mann, dessen Name erst in den letzten Jahren wieder bekannter wird? Nach den Beschreibungen des 18. Jahrhunderts muß er die zeitgenössischen Ohrenzeugen in einen wahren Rausch der Begeisterung versetzt haben. Die Musikgeschichte weist ihm seinen Platz in der Weiterentwicklung der Oper und der Orchesterbehandlung zu; er führte ein höheres Maß an Dramatik und Dynamik in Musik und Handlungsführung ein. 82 Opern und Divertimenti komponierte er – insgesamt 53 sind erhalten –, ein nicht unbeträchtlicher Teil entstand während der Jahre von 1753 bis 1769 in Württemberg.

Seit den späten 1750er Jahren gab es eine Balletttruppe, kurz darauf

Niccolo Jommelli (1714–1774), Oberkapellmeister in der glanzvollsten Zeit des württembergischen Hofes.

ein festes Ensemble für französisches Theater, ergänzend kamen noch in den 60er Jahren die Kräfte der Opera buffa hinzu. Das Niveau aber wurde bestimmt von den Stars, die der Herzog meist vom französischen Hof engagierte: etwa den Choreographen Jean Georges Noverre, den er zu einem schwindelerregenden Honorar und zu Bedingungen verpflichtete, die ihm erlaubten, einen großen Teil des Jahres in Versailles zu arbeiten, dazu den als »Tanzgott« berühmten Gaetano Vestris und als Komponisten für die Ballettmusiken Florian Deller. Die Bühnenbilder und Ausstattungen schuf Innocente Colomba, zeitweise auch Jean-Nicolas Servandoni, ebenfalls vom französischen Hof. Von dort kam auch der »Premier dessinateur du Roi et de l'opera«, der bei den Ausstattungen beriet. Für die illusionsschaffende raffinierte Bühnentechnik stand der Theatermaschinist Johann Christian Keim zur Verfügung. Eine Vielzahl von berühmten Instrumentalvirtuosen, Sängerinnen und Sängern gehörten zum Hof des Herzogs – und vor allem aber viele Schönheiten der Bühne, singende und tanzende, die sich der wechselnden Gunst des Fürsten erfreuten. Viele reisten damals nach Ludwigsburg, in der Hoffnung, dort ihr Glück zu machen und angezogen von dem Ruf, den die herzogliche Prasserei dem kleinen Ländchen in Europa verschafft hatte. Die bekanntesten sind sicher Vater und Sohn Mozart, die 1763 in Ludwigsburg waren, aber auch Casanova kam nach Württemberg.

Wie die glanzvollen Bühnenwerke auf die Zeitgenossen wirkten, bezeugt der Musiker und Dichter Christian Friedrich Daniel Schubart, der in seiner Lebensbeschreibung von einem Besuch in Ludwigsburg berichtet. Er hatte das Glück, Jommellis Oper »Fetonte« (Phaeton) zu sehen, die 1768 beim Geburtstag des Herzogs aufgeführt wurde. Der kritische Kopf sah in ihr »den Thriumph der Dichtkunst, Malerei, Tonkunst und Mimik... Jomelli stand an der Spitze des gebildetsten Orchesters der Welt. Der Geist der Musik war groß und himmelhebend. Tanz, Dekoration, Flugwerk, alles war im kühnsten, neuesten Stil...« Die verwirrend untrennbare Mischung aus höfischer Repräsentation, Mummenschanz, künstlerischer Höchstleistung und grotesker Verschwendung, die diese Blüte des württembergischen Hofes auszeichnete, faßte ein Bibliothekar des Herzogs in verherrlichende Worte: Joseph Uriot, ursprünglich als Mitglied einer Schauspielertruppe an den Hof gekommen. Er pries die Feiern, die alljährlich um den 11. Februar, den Geburtstag des Herzogs, inszeniert wurden. Seine Berichte über die tagelang dauernden, spektakulären Ereignisse sind berühmt und oft zitiert: die vergänglichen Architekturen, künstliche Welten, die den Ludwigsburger Schloßhof 1763 in einen »Palast der Pracht« verwandelten. Die Theateraufführungen und Opern waren Teil dieser Inszenierungen, fanden nicht nur auf der Bühne statt, sondern integrierten die Gäste des Herzogs in arkadische und olympische Szenen.

Jommelli und Noverre komponierten und choreographierten in Dimensionen, die sich nicht mit dem kleinen Theater im Ludwigsburger Schloß vereinbaren ließen. So kam es, daß der Herzog 1764, gleich nachdem er die Hofhaltung von Stuttgart nach Ludwigsburg verlegt hatte, den Bau eines gigantischen Opernhauses im östlichen Schloßgarten befahl. Der Bau, ganz aus Holz und im Inneren mit Spiegeln ausgekleidet, war der größte Europas, legendär sind die Berichte von Inszenierungen mit unzähligen Statisten. Die Rückwand des Hauses ließ sich entfernen und erlaubte es dadurch, den eingeschränkten Raum der Bühne zu sprengen. Noch in der Mitte des 19. Jahrhunderts sind die Ereignisse, die in jenen »Glanzjahren« von Ludwigs-

Jean Georges Noverre (1724–1810), der größte Choreograph seiner Zeit.

burg mit der Hofhaltung des Herzogs verbunden sind, wohl so gegenwärtig, daß der schwäbische Arzt und Schriftsteller Justinus Kerner, teils vielleicht aus eigener kindlicher Anschauung, teils aber sicher auch als Sammlung einer volkstümlichen Überlieferung in märchenhaften Worten berichtet, wie Schlösser, Gärten und Stadt zum »Schauplatz der Vergnügungen dieses weltlustigen Fürsten« wurden. Kerner zählt auf: die Feuerwerke vor der Favorite, »mit einem Aufwande, der dem am Hofe von Versailles gleichkam«, dann die »Zaubergärten«, die zu des Herzogs Geburtstag im Februar eingerichtet wurden. »In diesem Zaubergarten nun wurden die großartigsten Spiele, dramatische Darstellungen und Ballette und Tonstücke von den größern Meistern damaliger Zeit aufgeführt.«

Ständig in der Umgebung des Herzogs war in jenen Jahren der Freiherr von Buwinghausen. Er notierte in Tagebuchform in den »Land-Reisen« als sachlicher Berichterstatter, mit wem der Herzog sich umgab. Buwinghausens Notizen geben Auskunft, welche Damen von Oper und Ballett an der Tafel des Herzogs und in seinem Wagen saßen. Der ständig ruhelose Herrscher reiste meist durch sein Land; bei längeren Aufenthalten zog der ganze Hofstaat mit, einschließlich eines ganzen Schocks von Musikern, Schauspielern, Tänzern und Sängerinnen. Theater hatte sich Carl Eugen bei allen seinen Schlössern, auch den kleinen, errichten lassen. Gespielt wurde mehrmals die Woche, meist wurde Opera buffa gegeben, die Titel wie »Li tre vecchi innamorati« (Die drei verliebten Alten), »Il filosofo in campagna« (Der Philosoph auf dem Land), »Il Matrimonio par concorso« (Der Ehewettbewerb), »Le contese par amore« (Der Liebeswettstreit) oder »Il cacciatore deluso« (Der enttäuschte Jäger) deuten die komödienhaften Sujets an.

Daß diese Zeit des höchsten höfischen Taumels in Württemberg und Ludwigsburg nur wenige Jahre anhielt, ist bei der Dichte der Ereignisse, bei der Menge an Superlativen kaum vorstellbar. In Ludwigsburg war der Hof dauerhaft nur in den Jahren zwischen 1764 und 1775. Aber schon vor 1775 hatte das katastrophale Finanzgebaren des Herzogs dazu geführt, daß ein großer Teil der Künstler entlassen werden mußte. Als erste verließen 1767 die französischen Schauspieler das Land, gleich darauf auch der größte Teil des Balletts, vor allem aber Jean Georges Noverre. 1768 ging Colomba, 1769 Jommelli. Der sprunghafte Herzog pflegte inzwi-

Giovanni Battista Innocente Colomba, Maler am württembergischen Hof mit vielfältigen Aufgaben auch im Theater.

schen zunehmend ein neues, anderes Steckenpferd, die Pädagogik. Er erhoffte sich vielleicht auch, nach und nach die fremden Kräfte durch Landeskinder zu ersetzen, die aus der »Carlsschule« und der »École des Demoiselles« erwachsen sollten. Für Art und Beschaffenheit des Bühnenlebens in Ludwigsburg war dies jedoch nicht mehr von Bedeutung: Der künstlerische Zweig der Carlsschule wurde erst 1774 eingerichtet, ein Jahr, bevor der Hof Ludwigsburg verließ. Schon 1777 war der Zugang zum Hoftheater, dieser einst rein auf den Herrscher und seinen Hof abzielenden Kunstform, öffentlich gemacht worden. Gegen ein Entgelt konnte seither jeder den Zugang erlangen. Sicher aus Gründen der Wirtschaftlichkeit – aber auch ein Zeichen für den starken Rückgang des Interesses am Hoftheater.

Wie ganz anders sich dann die Rolle von Oper und Theater in den späteren Jahren darstellt, zeigt das Tagebuch der Franziska von Hohenheim, die seit 1780, dem Tod der ersten Frau Carl Eugens, des Herzogs zweite Gattin war. Hof und herzogliches Paar hielten sich in jenen Jahren kaum mehr in Ludwigsburg auf – und wenn, dann, um das neue Militärwaisenhaus zu besichtigen, die Garnison zu inspizieren, die Einrichtung des Arsenales zu überwachen. Oper und Theater waren nicht mehr die Vergnügungen, die der Fürst suchte. Für hohe Gäste besann man sich des alten Unterhaltungsrepertoires und besuchte die Oper – in Stuttgart, nicht das Ludwigsburger Haus. Der Geburtstag des Herzogs war, ganz in alter Tradition, nach wie vor Anlaß für größere Feierlichkeiten. Den Gästen bot man Oper, Franziska aber notiert: »Ihro Durchleicht u. Ich blieben allein« (15.2. 1782). Nach Ludwigsburg fuhr man nur noch, wenn es galt, bei vieltägigen Besuchen das Programm abwechslungsreich zu füllen. Dann gibt es auch eine »redut im opern haus« in Ludwigsburg – ein Ball, keine Aufführung. So geschehen bei der Visite der russischen Verwandtschaft im Herbst 1782, der aus württembergischer Familie stammenden Maria Fjodorowna und ihres Gatten, des Großfürsten Paul von Rußland.

Herzog Carl Eugen folgen nacheinander seine beiden Brüder nach, Ludwig Eugen und Friedrich Eugen. Justinus Kerner berichtet, wieder in seinen Erinnerungen an die Kindheit, von dieser Zeit, in der Ludwigsburg von der großen Zahl der vor der Revolution geflohenen französischen Emigranten bestimmt war. »Der Aufenthalt vieler reicher Emigrées zog damals auch manche Schauspieler und Künstler, wie z. B. auch Seiltänzer, englische Reiter und einen Besitzer komödienspielender Hunde herbei. Diesem Manne wurde das Theater im Schlosse eingeräumt, und wir Kinder vergnügten uns am Spiele dieser Tiere natürlich viel mehr, als an dem der belobtesten Schauspieler...« (Der Hundebesitzer blieb offenbar länger: Kerner berichtet, sein Einfluß sei so stark gewesen, daß nach einiger Zeit die Ludwigsburger Kinder die dressierten Hunde nachäfften und eine ganze Weile sich so in der Stadt bewegten.) »Auch Aventuriers versuchten in jener Zeit in dieser Stadt ihr Glück – und es ist jetzt unbegreiflich, aber gewiß, daß einmal ein solcher mit der Annonce erschien: er werde auf den Abend im Schloßtheater ein Kanonenkonzert geben. So viel ich mich erinnere, spiegelte er vor: durch Losschießen kleiner Kanonen von verschiedenem Kaliber Melodien hervorzubringen. – alles strömt in das Theater, und der Künstler sammelte ein gutes Entrée ein. Als man ins Parterre und in die Logen trat, war natürlich der Vorhang noch gefallen, allein er zog sich nicht auf; der Betrüger war mit der Kasse bereits über die Mauern der Stadt, bevor die Menge einsah, daß sie wirklich betrogen worden. Ein redlicherer Unterhalter des

Publikums war damals ein Herr Enslin, welcher seine kunstreichen Automaten aufs Theater brachte und in dem Schloßgarten Ritter auf Rossen und eine ganze wilde Jagd von Tieren und Jägern sich in die Luft erheben und unter den Wolken verschwinden ließ.«

Herzog Friedrich II., der 1797 die Nachfolge antrat, ab 1806 König Friedrich I. von Württemberg, wählte Ludwigsburg zu seiner Sommerresidenz. Das Theater wurde nun wieder zwischen April und Oktober regelmäßig bespielt. Seit 1796 hatte man das Hoftheater glücklos verpachtet, zuerst an den Schauspieldirektor Wenzeslaus Mihule, dann an den Unternehmer Haselmaier. Nach seinem Konkurs im Jahr 1801 endete diese Periode, das Theater unterstand wieder der Hofverwaltung. Die Theater – nicht nur das Ludwigsburger – waren nicht nur künstlerisch, sondern auch im baulichen Zustand wohl heruntergekommen. Für Ludwigsburg, wo Friedrich bereits als Kronprinz wohnte, lassen sich immer wieder kleinere Ausgaben für Reparaturen nachweisen, auch Briefwechsel, in denen für größere Anlässe Kulissen aus Stuttgart angefordert werden.

Jene größeren Umbauten durch den Baumeister des Königs, Nikolaus Friedrich von Thouret, die dem Theaterraum seine heutige Gestalt gaben, finden allerdings erst ab 1812 statt. 1815 galt es hohen Besuch in Württemberg zu empfangen: Kaiser Franz I. von Österreich und Zar Alexander von Rußland. Man feierte die Fürstlichkeiten mit einer glanzvollen Opernaufführung: »Télémaque« von François Adrien Boieldieu. Für prächtige Festaufführungen gab es einen neuen Festinbau; Friedrich hatte zwar den riesigen alten Holzbau der Oper aus der Zeit Carl Eugens abreißen, bereits 1808/09 jedoch den Theaterbau vom Jagdschloß in Grafeneck nach Monrepos versetzen lassen. Auch wenn dieses Theater nur 200 Plätze hatte, erlaubte es Effekte wie zu Zeiten Carl Eugens, denn man konnte die Rückwand entfernen. Gegeben wurde eine Oper von Gaspare Spontini, »Fernando Cortez«, deren Inszenierung in einem Brand der Stadt Mexico gipfelte – auf dem freien Gelände hinter dem Theater.

Ansonsten aber gab es in Ludwigsburg wohl meist eher leichte Kost. Die Stücke, die das Stuttgarter Hoftheater bei den Sommeraufenthalten der fürstlichen Familie zum besten gaben, deuten im Theater beim Seeschlößchen Monrepos und im Schloßtheater stark auf den Charakter des Sommersitzes hin: Stücke der gängigen Autoren der Zeit. Possen, Parodien, Schwänke, Lustspiele, Komödien bilden den Hauptteil des Programms. Allen voran als Autor August Wilhelm Kotzebue. Von ihm findet sich in jeder Saison mindestens ein Stück in Ludwigsburg. Allein in vier Sommern kam sein Lustspiel in einem Akt »Das Geständnis (Die Beichte)« auf die Ludwigsburger Bühne. 1806 gab es von diesem Autor im April »Die Organe des Gehirns«, ein Lustspiel. Im Jahr darauf zeigte man »Das Lustspiel am Fenster«, eine »Posse«, wie der Theaterzettel ankündigt; außerdem »Der Besuch, oder die Sucht zu glänzen«. 1808 gab man von ihm das Lustspiel »Die Brandschatzung« sowie erneut »Die Organe des Gehirns«. 1809 finden wir den Autor mit einem Schauspiel namens »Die Korsen« in Ludwigsburg, 1811 brachte das Hoftheater zwei kurze Lustspiele: »Max Helfenstein oder der Dienstfertige« zusammen mit »Die neue Frauenschule«.

Mehrfach vertreten war auch ein anderer Autor, der hohe Beliebtheit genoß: August Wilhelm Iffland. »Der Hausfrieden« etwa oder »Die Hagestolzen«, ein Lustspiel »in drei bzw. fünf Akten«, und zwar sowohl 1808 als auch im Jahr 1814 im Theater von Monrepos. Iffland, der berühmteste Schauspieler seiner Zeit und Berliner Theaterdirektor,

Wo heute noch der »Schüssele-See« im Ostgarten von Ludwigsburg zu sehen ist, stand bis zum Abriß unter König Friedrich von Württemberg das berühmte große Opernhaus.

den König Friedrich mit festem Engagement nach Stuttgart holen wollte, gastierte des öfteren in den Sommermonaten in Württemberg, in den Berliner Theaterferien. So trat er 1804 unter anderem mit »Nathan der Weise« in Ludwigsburg auf – und lieferte damit wahrscheinlich einen der qualitativen Höhepunkte im Ludwigsburger Schloßtheater des 19. Jahrhunderts in all der Tagesware des leichten Sommerprogramms.

Friedrichs Sohn und Nachfolger König Wilhelm wohnte nicht in Ludwigsburg. Das Schloß wurde Wohnung der Charlotte Mathilde, Witwe des 1816 verstorbenen Friedrich, später noch Sommersitz der Königin Pauline. 1819 wurde der Festin- und Theaterbau bei Monrepos abgerissen. Aber das Theater war nun kaum noch höfisch genutzt; es wurde vermietet und bis in die Mitte des Jahrhunderts der Ort in Ludwigsburg, an dem wandernde Schauspieltruppen mit Stücken wechselnder Qualität zu besichtigen waren. Bevor man das Schloßtheater einer öffentlichen Nutzung übergab, stellte man ein ausführliches Inventar der Bühnendekorationen auf, die sich im Schloßtheater angesammelt hatten. Vor allem aber wurde festgelegt, daß die Königsloge in der Mitte des Zuschauerraumes verschlossen bleiben sollte.

Von Mozart wachgeküßt

Das Schloßtheater seit seiner Wiederbespielung durch die Ludwigsburger Schloßfestspiele

von Horst Koegler

Ein bißchen ähnelt das Schicksal des Ludwigsburger Schloßtheaters dem Märchen von der schlafenden Schönen im Wald, die, aus hundertjährigem Schlaf erwacht, zu neuem Leben erblühte – schöner und glanzvoller als je zuvor. Das mit dem Wald stimmt zwar nicht so ganz – doch bei dem heutigen Verkehrsaufkommen mag sich mancher der im Stau auf der B 27 stekkengebliebenen Autofahrer auf der Fahrt zu einer Vorstellung nach Ludwigsburg wie in einem undurchdringlichen Wald vorkommen, durch den man sich erst einmal durchzukämpfen hat, um ans Ziel zu gelangen. Auch fällt es nicht ganz leicht, sich Wolfgang Gönnenwein als jenen Märchenprinzen vorzustellen, der sich mit aller Entschiedenheit seinen Weg durch das Bürokraten- und Denkmalschützerdickicht zu der schlafenden Prinzessin bahnt, um sie mit seiner Erweckungskunst erneut ins Leben zurückzuholen.

Gleichwohl war es seiner Initiative zu verdanken, daß das Schloßtheater, das bis 1853 in unregelmäßigen Abständen von gastierenden Komödiantentruppen bespielt wurde, nach einer einmaligen geschlossenen Vorstellung 1922 für Teilnehmer und Ehrengäste der Tagung »Denkmalpflege und Heimatschutz« (mit den beiden ersten Akten von Händels »Roselinde«) und einem Gastspiel der Stuttgarter Staatsoper 1954 mit Mozarts »Titus«, erst wieder von 1972 an alljährlich für Opernaufführungen genutzt wurde, die sich augenblicklich als Herz und Seele der Ludwigsburger Schloßfestspiele (und seit 1981 der erweiterten Internationalen Festspiele Baden-Württemberg) erwiesen.

Es war Mozart, die Opern Mozarts (und gelegentlich auch Ballette zu Musiken von Mozart), die das Rückgrat der Ludwigsburger Schloßtheater-Dramaturgie bildeten, wie sie sich seit der Wiederaufnahme des Spielbetriebs 1972 mit der »Zauberflöte« peu à peu herauskristallisierte. Anfangs machte man noch den Versuch, auch andere Komponisten einzubeziehen, 1974 beispielsweise Weber mit dem »Freischütz« und 1975 Gluck mit »Orpheus und Eurydike« – doch kehrte man danach permanent zu Mozart zurück und zog – mit der einzigen Ausnahme von Händels »Semele«, die hier 1985 ihre szenische Wiederentdeckung erlebte und in den folgenden Jahren ihre äußerst erfolgreiche Runde über Bühnen des In- und Auslands machte – mit den anderen Opern (u. a. »Freischütz« in der berühm-

»Die Zauberflöte«, 1972 erstmals im
Schloßtheater: Das Orchester spielt mit auf der
improvisiert wirkenden Bühne.

ten Loriot-Inszenierung und »Einstein on the Beach« in Achim Freyers aufsehenerregender Produktion der Philip-Glass-Trilogie) von 1988 an in das neue, einem weit größeren Publikum zur Verfügung stehende Forum-Theater am Schloßpark.

Was sich anfangs wie ein verspäteter schüchterner Wiedergutmachungsversuch an Mozart ausnahm – auf seiner großen Reise mit dem Vater nach Paris hatte Ludwigsburg dem siebenjährigen Knaben die kalte Schulter gezeigt und ihn ohne den erhofften Auftrag oder auch nur ein Vorspiel beim Herzog Carl Eugen nach Mannheim weiterreisen lassen –, entwickelte sich über die folgenden Jahre zu einer Pflegestätte des Mozartschen Bühnenœuvres zwischen der »Entführung aus dem Serail« und dem »Titus«, die sich eines rasch zunehmenden internationalen Renommees erfreute und sich einen eigenen Platz auf dem Mozart-Festspielatlas zwischen Glyndebourne und Salzburg zu sichern verstand.

In den zwanzig Jahren zwischen 1972 und der sanierungsbedingten temporären Schließung nach den Festspielen von 1992 haben die Mozart-Produktionen im Schloßtheater eine stilistische Identität ausgebildet, die auf wundersame Weise mit dem architektonischen Ambiente von Nikolaus Friedrich von Thourets Theaterraum harmonisiert. Und wie man diesem mit seinem klassizistischen historischen Habitus eher eine gewisse schwäbische Nüchternheit und Sparsamkeit als luxuriöse Eleganz und opulentes Raffinement attestieren wird, so zeichnen sich die Aufführungen eher durch einen jugendlich stürmischen Elan und eine burschikose Spontankomödiantik als durch dekorative Prachtentfaltung und ausgepichte Artistik aus.

Dazu trägt auch der Entschluß bei, alle Produktionen in deutscher Sprache singen zu lassen – also auch die drei Da-Ponte-Opern und den »Titus« –, worüber sich noch kein Besucher (und kurioser noch: kein Kritiker) je beklagt zu haben scheint. Im Gegenteil, auch die engagiertesten Verfechter der Originalsprachendoktrin scheinen zumindest insgeheim den Gewinn an theatralischer Brisanz und Verständlichkeit der Texte ausgesprochen goutiert zu haben. Auch das Spiel der Sänger profitiert von der direkter funktionierenden Publikumsreaktion, indem es ihnen eine Lockerheit in der Deklamation der Dialoge und Rezitative gestattet, frei von jedem forcierten Versuch ihre fremdsprachlichen Pointen wie auf einem Tablett zu servieren, damit das Publikum zumindest halbwegs versteht, was da verhandelt wird.

»Ohne Illusion, mit Phantasie« überschrieb Kurt Honolka seine Kritik über die Ludwigsburger »Zauberflöte« von 1972 in der »Opernwelt« – und schildert anschaulich, was sich vor den entzückten Augen und Ohren des Publikums tat: »Kein Vorhang, keine Kulissen, kein mystischer Abgrund des Orchesters. Die Musikanten sitzen auf der Szene, rund um das Spielpodium, nicht in Festspielfräcken, sondern in Pullis und Sportsakkos. Man soll sie ruhig spielen sehen, sie dürfen auch ein wenig mitspielen, wenn es sich gerade ergibt: aktiv mitzumusizieren gehört auch zum musikalischen Theater. Auch der Chor sitzt auf der Bühne; er steht in der ›Zauberflöte‹ ohnehin nur herum, und auf dekorative Aufzüge kann verzichtet werden. Alles Geschehen konzentriert sich auf einer erhöhten Rundscheibe, und siehe da, die abgeklapperte ›Kochscheibe‹ wirkt wie neu. Sie wird entpathetisiert, Schikaneder beim Wort genommen: ein paar Versetzstücke mit seinen originalen szenischen Angaben – angenehmer Garten, am entwaffnendsten die Pappstücke mit der Aufschrift ›Trümmer von Säulen und Pyramiden/nebst/einigen Dornbüschen‹, und das Donnerblech wird sichtbar dazu geschüttelt.«

In der Regie von Ernst Poettgen, der auch in den folgenden Jahren für die Inszenierungen im Schloßtheater verantwortlich zeichnete, und der auch – mit unterschiedlichem Gelingen – sein eigener Ausstatter war, hatte die Aufführung einen Hauch von Improvisation, auch von augenzwinkernder Ironie – eine gewisse Spontanität, die sie nicht zuletzt den sehr jungen Mitwirkenden auf der Bühne und im Orchester (darunter zahlreiche Studenten der Musikhochschule) verdankte. Poettgen sorgte für immer lebhafte Aktionen, die er aus der Musik heraus entwickelte, was ihn manchmal zu choreographischen Manieriertheiten verführte.

Dem lockeren Geschehen auf der Bühne entsprach der Umgang mit den Musikern. Honolka: »Wolfgang Gönnenwein, der neue Leiter der Ludwigsburger Schloßfestspiele, steht zum erstenmal an einem Opernpult und überzeugt auf Anhieb als feinnerviger, hochmusikalischer Mozart-Interpret. Er dirigiert linkshändig, aber keineswegs mit der linken Hand. Sein ad hoc zusammengestelltes Orchester kann nur durchschnittlich sein, die durchweg jungen Sänger sind viel mehr als das.« Darin sind sich Publikum und Kritik durchaus einig: Was den Charme dieser frühen Ludwigsburger Mozart-Aufführungen ausmacht (1973 und 1976 gibt es überarbeitete Wiederaufnahmen der »Zauberflöte«, zwischendurch, wie gesagt, »Freischütz« und »Orpheus«) – ist ihre spontane Jugendlichkeit, auch eine gewisse Unbekümmertheit – ganz im Gegensatz zu der hochgestochenen Präzision und Perfektion, die etwa Salzburg und Glyndebourne anstreben. Stets bleibt man sich in Ludwigsburg bewußt, wie jung

Mozarts »Don Giovanni«, von Ernst Poettgen 1977 inszeniert.

Mozart war, als er seine Opern schrieb. Und jung, ja blutjung sind auch die Solisten, die in ihnen auftreten, manche noch Studenten der Hochschulen – doch begegnen hier schon 1972 ein paar Sänger, die von Ludwigsburg aus internationale Karrieren machen: Adalbert Kraus als Tamino beispielsweise, Wolfgang Probst als Sarastro, Klaus Hirte als Papageno, Matthias Hölle als Sprecher (1973 wird der Tamino Peter Hofmann heißen – 1974 debütiert Siegmund Nimsgern als Kaspar). 1977 gelingt hier Franz Grundheber als Don Giovanni der

Die »Entführung aus dem Serail« hatte in der
Saison 1979 ihre Premiere.

große Karrieredurchbruch – die Liste der Youngsters, die sich hier erste Prominenz erwarben, ist zu lang, um auch nur die Namen einzeln aufzuführen. Und noch für einen anderen wird das Ludwigsburger Schloßtheater zum Sprungbrett in die internationale Reputation: für Heinz Spoerli und das Baseler Ballett, von Gönnenwein erstmals 1978 nach Ludwigsburg verpflichtet und dann in den folgenden Jahren verschiedentlich wiederkehrend, mit immerhin zwölf Uraufführungen in der Schloßtheater-Chronik vertreten. Mit der »Entführung aus dem Serail« (1979), »Figaros Hochzeit« (1980/81) und »Titus« (1982/83) komplettierte Poettgen seinen Ludwigsburger Mozart-Zyklus. Daß damit die Halbzeit-Marke in der Geschichte der Wiederbespielung des Schloßtheaters erreicht war, ahnte damals freilich noch niemand. Immerhin schien Gönnenwein zu spüren, daß es an der Zeit war, zu neuen Ufern aufzubrechen – und er wagte den Aufbruch mit Dieter Dorn, dem Intendanten der Münchner Kammerspiele, und seinem ständigen Bühnen- und Kostümbildner Jürgen Rose (die Verpflichtung Dorns stand in Zusammenhang mit der damals geplanten Theaterakademie, die dann leider nicht zustande kam).

1980 und nochmals 1981 auf dem Spielplan des Schloßtheaters: »Figaros Hochzeit«.

Der Qualitätszuwachs der Dornschen Produktionen von »Cosi fan tutte« (1984/85/86) und »Figaros Hochzeit« (1987/88/89) war verblüffend. Sinnierte Wolf-Eberhard von Lewinski in der »Süddeutschen Zeitung«: »Wollen die Ludwigsburger Schloßfestspiele dem Salzburger Sommer den Rang ablaufen? Wenn sie Mozart so weiterspielen wie jetzt bei einer neuen ›Cosi fan tutte‹, dann machen sie allen anderen Festspielen, speziell denen Salzburgs, exakt das vor, was Mozart-Pflege von heute im Idealfall heißen kann: Ensemblegeist gepaart mit Teamsinn, ambitioniert-engagiert ›modernes‹ Musiktheater, das nicht spekulativ experimentiert und vor allem nie die Musik vergißt... Wenn dieses Team zusammenbleibt, werden sich perfekte Mozart-Festspiele von europäischem Rang entwickeln. Diese Ludwigsburger ›Cosi‹ ist ein Signal.«
Noch einmal gelang Gönnenwein, Dorn und Rose ein kleines Ludwigsburger Mozart-Wunder mit dem »Figaro« (das sich bezeichnenderweise nicht wiederholte, als Dorn und Rose Jahre später ihren Ludwigsburger »Figaro« ins Münchner Nationaltheater zu transferieren versuchten), doch dann fiel das Team leider wieder auseinander: Dorn sagte die schon angekündigte Komplettierung seines Lud-

Die Mozartoper der Festspiele 1984 bis 1986:
»Cosi fan tutte«, inszeniert und ausgestattet von
Dieter Dorn und Jürgen Rose.

wigsburger Mozart-Zyklus wieder ab – er vermochte der Versuchung der prestigeträchtigeren Bayreuther Festspiele nicht zu widerstehen. So kam, nachdem er 1985 schon Händels »Semele« auf die Bühne des Schloßtheaters gebracht hatte, Marco Arturo Marelli zum zweitenmal in Ludwigsburg zum Zuge: mit der »Entführung aus dem Serail« von 1990/91, in der Imre Fabian in der »Opernwelt« eine Art Liebesprobe sah, »inszeniert gerade spielerisch, mit leichter Hand... Die Inszenierung hat Geist, Witz und Ernst, eine klare stilistische Linie mit feinen Pointierungen, sie zeichnet profilierte Charaktere, sie ist klug und konsequent in der Personenführung.« Wie Marelli bei der »Entführung« als Regisseur sein eigener Ausstatter war, so war es dann auch Axel Manthey bei der »Zauberflöte«, mit der 1992 die Serie der Mozart-Aufführungen im Schloßtheater ihr temporäres Ende erreichte (da die Aufsichtsbehörden eine mehrjährige Schließung zwecks gründlicher Restaurierung

Händels »Semele« 1985 in der Inszenierung von Marco Arturo Marelli.

anordneten). Manthey gelang hier noch einmal eine ganz eigene Ludwigsburger »Zauberflöte«, für die er sich eine eigene Farbdramaturgie ausgedacht hatte, die im Zusammenwirken mit seinen großdimensionierten Zeichensetzungen eine höhere Art von Naivität ergab, die dem Stück außerordentlich gut bekommt. Am Pult sorgte Gönnenwein mit dem Ludwigsburger Festspielorchester für einen ungemein spannungsvollen musikalischen Ablauf, der sich durch eine geradezu sprudelnde Frische und Vitalität auszeichnete.

Damit schloß das letzte Kapitel der Geschichte des Ludwigsburger Schloßtheaters, das sich über zwanzig Jahre erstreckte und mit seinen Mozart-Aufführungen einen vielbewunderten markanten Fixpunkt in der Festspiel-Geographie Europas gesetzt hat. Daß dabei ständig das künstlerische Niveau gesteigert werden konnte, macht es der Generation, die das nächste Kapitel zu schreiben haben wird, nicht eben leicht, daran anzuknüpfen.

Die zweite Ludwigsburger »Entführung« in den Jahren 1990/91 von Marco Arturo Marelli auf die Bühne gebracht.

»Die Zauberflöte«, 1992, inszeniert und poetisch ausgestattet von *Axel Manthey*.

Für ein lebendiges Schloßtheater

Perspektiven in Ludwigsburg

von Wolfgang Gönnenwein

Mit dem Schloßtheater besitzt Ludwigsburg ein Kulturdenkmal von unschätzbarem Wert: einen hervorragend erhaltenen Theaterbau aus dem 18. Jahrhundert, der in unvergleichlicher Weise den Glanz einer vergangenen Zeit in die Gegenwart hinübergerettet hat. Wie ein Fenster gewährt es einen Blick auf die Theatergeschichte der damaligen Zeit und Einblick in das kulturelle Leben am württembergischen Hof. Ohne Zweifel ist das Ludwigsburger Schloßtheater von hohem historischem und kunsthistorischem Interesse, und die Stadt, ebenso wie ihre Festspiele, können stolz darauf sein, dieses einzigartige Zeitdokument in Ludwigsburg zu haben. Nicht zuletzt ist dieses Theater im Gesamtensemble Ludwigsburger Residenz auch ein nicht zu unterschätzender Standortfaktor: von großer Attraktivität für den Tourismus und repräsentativ für Gäste der Wirtschaft in Baden-Württemberg. Das Land hat die Chancen dieses Theaters und seine Verantwortung dafür erkannt und den Bau in vorbildlicher Weise restauriert.

Für Kulturschaffende – Theatermacher, Festspielleiter – kann sich das Interesse an einem historischen Theater jedoch niemals in musealer Andacht erschöpfen. Ein solcher Raum muß mit Leben gefüllt, er muß bespielt werden. Ein lebendiges Theater wiederum kann sich heute natürlich nicht darauf beschränken, alte Theaterformen nachzuempfinden: in historischen Kulissen und Kostümen ein Theater vergangener Zeiten Revue passieren zu lassen.

Die Ludwigsburger Festspiele machen aus dem Schloßtheater ein Theater von aktueller Brisanz. Bewußt wird durch die Festspiele in der Ludwigsburger Residenz immer wieder ein Aufeinandertreffen von historischer Architektur und zeitgenössischen Kunstformen provoziert: Sei es im Festinbau mit den Kunstausstellungen von Sol LeWitt (1995) oder rosalie (1997); sei es im Ordenssaal, wo ein gegenwärtiges Musikverständnis die Festspielkonzerte prägt, egal ob Streichquartette von Mozart interpretiert werden oder aber neue, experimentelle Klänge von Komponisten unserer Zeit zu hören sind; oder sei es, daß der Schloßhof bebt, wenn japanische oder brasilianische Trommelformationen ihre Kunst zeigen.

Dasselbe Ziel verfolgten die Festspiele mit ihren Opernproduktionen und Gastspielen im Schloßtheater von 1972 bis 1992, und das soll im neu restaurierten Theater ab 1998 nicht anders werden – ohne

Raubbau an der historischen Substanz zu betreiben. Im Bewußtsein der notwendigen Sorgfalt im Umgang mit dem empfindlichen Holzbau und bei Wahrung der zu Recht strengen denkmalschutzrechtlichen Bestimmungen, haben die Festspiele hier Voraussetzungen geschaffen, die auch den heutigen Ansprüchen an modernes Theater gerecht werden. So verrückt es klingt: Nur mit innovativster Technologie ist es möglich, diese historische Bühne zeitgemäß zu bespielen. Mit Scheinwerfern etwa, die leicht sind, sich kaum erhitzen, die programmierbar und dadurch so flexibel einsetzbar sind, daß heute ein Scheinwerfer ausreicht, wo noch vor wenigen Jahren drei oder vier nötig gewesen wären. Angesichts der Unverzichtbarkeit einer hochentwickelten Licht- und Bühnentechnik haben die Festspiele auch keinerlei Scheu davor, daß diese nützlichen Helfer des Spielbetriebs als optischer und ästhetischer Kontrapunkt zum klassizistischen Zuschauerraum sichtbar sind. Aller technischen Möglichkeiten ungeachtet fordert die intime Bühne des Ludwigsburger Schloßtheaters im Spannungsfeld von Geschichte und Gegenwart nachgerade dazu heraus, neue Theaterformen zu erfinden. Die Festspiele werden dieser besonderen Herausforderung auch in Zukunft mit Freude begegnen.

Erbe und Aufgabe

Das Schloßtheater als Bauaufgabe des Landes

von Thomas Knödler,
Staatliche Vermögens- und Hochbauverwaltung Baden-Württemberg

»Das Schloßtheater, ein Bau und Kunstdenkmal von besonderer Bedeutung, ein wichtiges Geschichtsdenkmal und ein technisches Kulturdenkmal von europäischem Rang, soll künftig eine denkmalgerechte Nutzung erfahren«. So hatte der Beschluß der Landesregierung von Baden-Württemberg vom 18. Februar 1992 gelautet – nach sechs Jahren ist es soweit! Renoviert und im originalen Glanz kann die kultur- und theatergeschichtliche Rarität wieder jedem Besucher des Ludwigsburger Schlosses gezeigt werden.
Die Zeit hatte dem Haus stark mitgespielt. Verblichen und abgenutzt, durch Provisorien verunstaltet, überlastet durch zu viele Zuschauerplätze und technische Einbauten hatte es sein Nikolaus Friedrich von Thouret zu verdankendes Gesicht verloren.

Schon im letzten Jahrhundert hatte Thouret bei seinen Theaterbauten in Stuttgart und Ludwigsburg mit hohen Kosten zu kämpfen, so daß er seiner Königlichen Majestät Friedrich I. schon damals vor 285 Jahren versichern mußte, »und glaube ich auf die Allerhöchst gnädigste Nachsicht rechnen zu dürfen, als ganz keine Veruntreuung, Verschwendung, Nachläßigkeit oder sonstige, dem guten Fortgang des Unternehmens schädliche und hinderliche Vorfallenheiten unter vielfacher steter und rastloser Aufsicht bey Tag als Nacht stattfinden konnten sowie keine überflüßige Verschwendung an kostbarem Material oder Verzierungen angebracht wurde, im Gegentheil, rücksichtlich der Form und Ausführung des Details sowie des total Effects ich bey dießem Werke die Allerhöchste Zufriedenheit, sowie den Allergnä-

digsten Beyfall seiner Königlichen Majestät mir zu verdienen das unschätzbare Glück hatte... Ich ersterbe in tiefstem Respekt. Euer Königlichen Majestät unterthänigster Hofbaumeister N Thouret R.d.K.C.V.Ord. Stuttgart d. 20.ten Nov. 1813«.
Auch dem heutigen Souverän, dem Land Baden-Württemberg, ist das Theater wieder einen hohen Einsatz wert: 12,5 Millionen DM, die von hochspezialisierten Planern, Ingenieuren und Handwerkern in der Sanierung des einzigartigen Baudenkmales umgesetzt wurden.
Nicht allein eine Wiederherstellung des eindrucksvollen Zuschauerraumes war Grund für die hohen Investitionen. Als ganz besondere Rarität verbargen sich hinter dem Bühnenvorhang noch die teils zerstörte alte barocke Bühnenmaschinerie und Beleuchtung – eine Seltenheit

im gesamten europäischen Raum! Sie wurden in mühsamer handwerklicher Arbeit wieder aufgebaut und funktionstüchtig gemacht. Vielen Besuchern kann nun ein faszinierender Einblick in alte Bühnengeheimnisse geboten werden. Künftig wird auch eine Präsentation von Kulissen und Bühnenbildern, die in großer Zahl noch original vorhanden sind, wieder möglich. Um sie zeigen zu können, mußten sie aus ihrem Dornröschenschlaf erweckt und aufwendig restauriert werden. Für Spielzwecke wurden darüber hinaus Repliken von Bühnenbildern geschaffen; die Originale wären für einen ständigen rauhen Einsatz auf der Spielbühne viel zu wertvoll. Zudem mußten im Bühnenhaus völlig neue Lagermöglichkeiten eingebaut werden, die alle konservatorischen Bedingungen erfüllen.

Das Schloßtheater soll natürlich nicht nur im musealen Sinne genutzt werden. Es wird seiner eigentlichen Bestimmung wieder zugeführt und während der Sommersaison bespielt werden. Dabei wird aber, in Dramaturgie wie im technischen Ablauf des Spielbetriebs, die Bedeutung des Hauses stärker als in der Zeit vor der Sanierung respektiert werden müssen. Mit dem Abschluß der Sanierung kommt das Land Baden-Württemberg seinem Ziel, landeseigene Schlösser und Klöster zu sichern, zu erhalten und neuen Nutzungsmöglichkeiten zuzuführen, wieder ein großes Stück näher.

In neuem Glanz:
ein Detail vom Bühnenportal
des restaurierten Theaters.

Die Autoren

Dr. Ingeborg Deborre hat sich seit ihrer Promotion über das Teatro Olimpico in Vicenza immer wieder mit historischen Theaterbauten befaßt. Zuletzt entwickelte sie im Auftrag der Verwaltung der Staatlichen Schlösser und Gärten maßgeblich die Dauerausstellung zum Ludwigsburger Schloßtheater.

Dr. Susanne Dieterich, Geschäftsführende Direktorin der Ludwigsburger Schloßfestspiele, ist als Historikerin der Landesgeschichte verbunden. Insbesondere dem Schicksal herausragender Frauen gilt das Interesse der promovierten Slavistin, die sich nicht scheut, auch unorthodoxe Blicke auf scheinbar bekannte Gestalten zu werfen.

Dr. Saskia Esser betreut als Kunsthistorikerin bei der Verwaltung der Staatlichen Schlösser und Gärten Baden-Württemberg unter anderem die einzigartigen Kulissen des Ludwigsburger Schloßtheaters, mit deren Erhalt und Präsentation sie sich seit Jahren befaßt.

Professor Wolfgang Gönnenwein, Dirigent und Kultur-Manager, hat seit seiner Übernahme der künstlerischen Leitung der Ludwigsburger Schloßfestspiele im Jahr 1972 immer wieder mit besonderer Begeisterung spektakuläre Inszenierungen im Schloßtheater auf die Bühne gebracht. Die Wiedereröffnung unter neuen Bedingungen lockt den Ludwigsburger Intendanten zu neuen konzeptionellen Ufern.

Horst Koegler hat von Beginn an die Bespielung des Schloßtheaters beobachtet. Der Kulturjournalist, Spezialist für Musik und Musiktheater und für eine Reihe großer Zeitschriften und Zeitungen tätig, kann wie kaum ein zweiter einen Überblick über die Ereignisse auf der Ludwigsburger Bühne geben.

Dr. Frank Thomas Lang, Leiter der Öffentlichkeitsarbeit der Festspiele, blickt als Kunsthistoriker auf das Thema, er ist seit Jahren mit den Schlössern Baden-Württembergs und besonders Ludwigsburg in Kontakt. Ihn interessieren immer wieder die kulturhistorischen Aspekte eines Denkmales wie des Schloßtheaters.

Dr. Ursula Quecke betreute nach ihrer kunsthistorischen Promotion eine Ausstellung zur oberitalienischen Theaterarchitektur, die in Zusammenarbeit mit dem Institut für Darstellen und Gestalten I der Universität Stuttgart entstand. In Vorträgen und Artikeln befaßt sie sich regelmäßig mit der Garten-, Theater- und Festkultur des 16. und 18. Jahrhunderts.

Die restaurierte Bühne mit dem Bühnenbild »Roter Gartensaal«.

Literatur in Auswahl

Grundlegend für die Beschäftigung mit dem Ludwigsburger Schloßtheater ist die Dissertation von Hans-Joachim Scholderer, Das Schloßtheater Ludwigsburg, Berlin 1994.

Rudolf Krauß, Das Stuttgarter Hoftheater von den ältesten Zeiten bis zur Gegenwart, Stuttgart 1908.

Harald Zielske, Innocente Colomba und das spätbarocke Bühnenbild, in: Kleine Schriften der Gesellschaft für Theatergeschichte 23, Berlin 1969.

Norbert Stein, Das Haus Württemberg, sein Musik- und Theaterwesen, in: 900 Jahre Haus Württemberg, Stuttgart u. a. 1984, S. 554–573.

Ders., Musik und Theater im Ludwigsburg des 18. und 19. Jahrhunderts, in: Ludwigsburger Geschichtsblätter 38, 1985, S. 61–87.

Ders., Zur Geschichte des Festin- und Theaterbaus beim Seeschloß Monrepos, in: Ludwigsburger Geschichtsblätter 45, 1991, S. 71–86.

Saskia Esser, Wohin mit großformatigen Bühnenbildern? Konservierung, Deponierung und künftige Präsentation der historischen Bühnenbilder aus dem Ludwigsburger Schloßtheater, in: Das Schloß und seine Ausstattung als denkmalpflegerische Aufgabe. ICOMOS. Hefte des Deutschen Nationalkomitees XVI, 1995.

Ute Christine Berger, Die Feste des Herzogs Carl Eugen von Württemberg, Tübingen 1997.

Quellen und historische Beschreibungen

Beschreibung der Feyerlichkeiten welche bey Gelegenheit des Geburtsfestes Sr.Herzogl. Durchlaucht des regierenden Herzogs zu Würtenberg und Teck... 1763 angestellet worden (verfaßt von Joseph Uriot), Stuttgart 1763.

Wilhelm Friedrich Schönhaar, Ausführliche Beschreibung des zu Bayreuth im September 1748 vorgegangenen Hochfürstlichen Beylagers..., Stuttgart 1749.

Tagebuch des Herzoglich Württembergischen Generaladjutanten Freiherrn von Buwinghausen-Wallmerode über die »Land-Reisen« des Herzogs Karl Eugen von Württemberg in der Zeit von 1767 bis 1773, Hrsg. von Freiherr Ernst von Ziegesar, Stuttgart 1911.

Tagebuch der Gräfin Franziska von Hohenheim späteren Herzogin von Württemberg, Stuttgart 1913 (Nachdruck 1981).

Justinus Kerner, Bilderbuch aus meiner Knabenzeit, 1849 (Nachdruck Frankfurt 1978).

Christian Friedrich Daniel Schubart, Leben und Gesinnungen, 1791 (Nachdruck 1980).

Abbildungsnachweis

Archiv der Festspiele: S. 8, 10–12, 25, 27, 28, 30, 31, 37, 39, 63, 64, 70, 72–78

Bayerische Verwaltung der staatl. Schlösser, Gärten und Seen: S. 13, 14

Bietigheimer Zeitung (Aufnahme Kalb 1998): S. 83

Hauptstaatsarchiv Stuttgart: S. 26, 41

Landesbildstelle Württemberg: S. 22, 61

Staatliche Schlösser und Gärten – Oberfinanzdirektion Stuttgart: S. 21
Schloßverwaltung Ludwigsburg: S. 16 u. 17 (Foto: Wacker, 1984), 20 (Luftbild Elsässer)
Schloßverwaltung Ludwigsburg, Aufnahmen im Zusammenhang mit dem Forschungsprojekt Prof. Dr. Zielske, Berlin, (1964/65): S. 51, 54 (rechts oben und unten), 56, 58 (oben)
Schloßverwaltung Ludwigsburg, Aufnahmen Feist, Pliezhausen (1992): S. 44, 46–50, 52, 53, 54 (links oben), 55, 57, 58 (unten), 62
Aufnahmen Landesbildstelle: S. 4, 38, 40, 85

Städtisches Museum Ludwigsburg: S. 67

Württembergische Landesbibliothek: S. 23

Württembergisches Landesmuseum: S. 29, 32, 33

Bücher aus dem DRW-Verlag – Eine Auswahl

Hansmartin Decker-Hauff
Frauen im Hause Württemberg
Herausgegeben von Wilfried Setzler, Volker Schäfer und Sönke Lorenz in Zusammenarbeit mit Andreas Schmauder. 304 Seiten, 111 Abb., davon 71 in Farbe. Geb.
ISBN 3-87181-390-7.
27 Lebensbilder aus der bekannten Fernsehreihe „Frauen im Hause Württemberg".

Karl Moersch
Sperrige Landsleute
Wilhelm I. und der Weg zum modernen Württemberg. 272 S. mit 50 historischen

Abb., 15 x 21,5 cm. Geb. Wilhelm I. hat wie kein anderer württembergischer König die Geschichte seines Landes im 19. Jahrhundert geprägt. Der Autor zeichnet Württembergs Weg zum modernen Staat facettenreich nach und porträtiert dabei unterhaltsam Wilhelms prominente Mitstreiter und Kontrahenten; sperrige Landsleute allesamt.
ISBN 3-87181-373-7.

Anni Willmann
Der gelernte König
Wilhelm II. von Württemberg – ein Porträt in Geschichten. 160 S., zeitgenössisch illustriert. Geb. Ein abwechslungsreiches, kurzweiliges Buch für jeden, der an Zeitgeschichtlichem interessiert ist. Biographisches und Anekdotisches fügt sich zu einem einzigartigen Porträt Wilhelms II. zusammen.
ISBN 3-87181-292-7.

 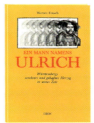

Susanne Dieterich
Liebesgunst
Mätressen in Württemberg. 176 S. mit 33 Abb., 15 x 21,5 cm. Geb. Liebesgunst und Liebesneid – Rollenbild und Stellung der Geliebten auf Zeit an Württ. Höfen des 17. u. 18. Jhds., ihr Einfluß auf Kunst und Politik. Auf die Biographien bekannter Frauen wie Wilhelmine von Grävenitz und Franziska von Hohenheim wird ausführlich eingegangen. ISBN 3-87181-380-X

Werner Frasch
Ein Mann namens Ulrich
Württembergs verehrter und gehaßter Herzog in seiner Zeit. 288 S. mit 60 Abb., 14,5 x 21 cm. Geb. Eine mit gründlicher Sachkenntnis und Liebe zum Detail geschriebene Biographie. Die spannende Lektüre für landesgeschichtlich interessierte Leser. Ein historisches Zeitgemälde, das den Aufbruch in ein neues Zeitalter dokumentiert. ISBN 3-87181-260-9

Erhard Hehl (Fotografie) und Harald Schukraft (Text)
Renaissance in Baden-Württemberg
Perspektiven einer Baukunst. 176 S., 222 Farbfotos, 27 doppelseitige Luftbilder, 24,5 x 30,5 cm. Geb. Nach einer prägnanten und interessanten Einführung ins Thema, wird im über 100seitigen Hauptteil „Renais-

sance vor Ort" anhand von 25 Beispielen vorgestellt. ISBN 3-87181-293-5. Jedem Beispiel (2-8 Seiten umfassend) ist ein doppelseitiges Luftbild vorangestellt.

Eva Walter (Text), Thomas Pfündel (Fotografie).
Baden-Württemberg
Sehenswert - liebenswert. Der große dreisprachige Bildband (deutsch, englisch, französisch) 176 S. mit 220 Farbfotos, 11 doppelseitig; 24,5 x 30,5 cm. Geb.

Eine Bildreise durch Baden-Württemberg in 5 Kapiteln: Vom Neckartal zum Schwäbischen Wald; Auf der Schwäbischen Alb; Oberschwaben und Bodensee; Vom Rhein zum Schwarzwald, Von Nordbaden bis Hohenlohe. ISBN 3-87181-299-4.

Impressum

ISBN 3-87181-404-0

© 1998 by DRW-Verlag Weinbrenner GmbH & Co., Leinfelden-Echterdingen

Das Werk einschließlich aller seiner Teile ist urheberrechtlich geschützt. Jede Verwertung außerhalb der engen Grenzen des Urheberrechtsgesetzes (auch Fotokopien, Mikroverfilmung und Übersetzung) ist ohne Zustimmung des Verlages unzulässig und strafbar. Dies gilt auch ausdrücklich für die Einspeicherung und Verarbeitung in elektronischen Systemen jeder Art und von jedem Betreiber.

Herausgeber:
Ludwigsburger Schloßfestspiele/
LSF Werbe GmbH

Die Verwaltung der Staatlichen Schlösser und Gärten hat dieses Buch durch Abbildungsmaterial unterstützt.

Abbildung auf dem Einband vorne: Blick auf die Bühne des Ludwigsburger Schloßtheaters (Foto: Staatliche Schlösser und Gärten – Oberfinanzdirektion Stuttgart), Abbildung S. 4: Der Zuschauerraum des renovierten Schloßtheaters (Foto: Staatliche Schlösser und Gärten – Oberfinanzdirektion Stuttgart, Aufnahme: Landesbildstelle).

Gesamtherstellung:
Karl Weinbrenner & Söhne GmbH & Co., Leinfelden-Echterdingen

Bestellnummer: 404